colección acción empresarial

CÓMO MONETIZAR
LAS REDES
SOCIALES

Pedro Rojas y María Redondo

CÓMO MONETIZAR
LAS REDES
SOCIALES

MADRID   BOGOTÁ
MÉXICO D.F.   NUEVA DELHI   BUENOS AIRES
LONDRES   NUEVA YORK   SHANGHÁI

Colección Acción Empresarial de LID Editorial Empresarial, S.L.
Sopelana 22, 28023 Madrid, España - Tel. 913729003 - Fax 913728514
info@lidbusinessmedia.com - lidbusinessmedia.com

A member of:

EAN-ISBN13: 9788417880200
Directora editorial: Jeanne Bracken
Maquetación: produccioneditorial.com
Diseño de portada: Juan Ramón Batista
Impresión: Cofás, S.A.
Depósito legal: M-34963-2019

Impreso en España / *Printed in Spain*

Primera edición: junio de 2017
Segunda edición: noviembre de 2019

Te escuchamos. Escríbenos con tus sugerencias, dudas, errores que veas o lo que tú quieras. Te contestaremos, seguro: info@lidbusinessmedia.com

ÍNDICE

AGRADECIMIENTOS

Nuestro más sincero agradecimiento a todos nuestros alumnos en las distintas universidades, escuelas de negocio, centros e institutos en los que impartimos clases porque sois vosotros quienes nos habéis motivado e impulsado a seguir investigando, avanzando y abriendo caminos en este complejo pero maravilloso mundo de las redes sociales. A todos vosotros, ¡gracias!

INTRODUCCIÓN

Llevamos unos diez años, tal vez un poco más, hablando sobre redes sociales y del impacto que han tenido en la sociedad, en las personas, en las empresas y, fundamentalmente en los negocios.

En las grandes ciudades y entornos empresariales modernos, no hay conversación que no involucre al menos una red social, sobre todo porque los dispositivos que utilizamos ya nos permiten llevarlas a todos lados.

No obstante, aunque su ubicuidad es evidente, el nuevo auge de las redes sociales ya no se basa en su uso lúdico y personal habitual. Esta vez, la mayoría de los directivos responsables de empresas y emprendedores se preguntan si quizá sería conveniente incorporar estrategias en estas plataformas que generen ingresos antes de que lo haga la competencia. La cuestión es cómo hacerlo.

Este nuevo modelo de uso de las redes sociales enfocado en generar negocio, que cientos de empresas ya han adoptado de forma entusiasta, está alterando para siempre la forma de vender y comercializar productos y servicios, y al mismo tiempo de difundir y potenciar marcas y empresas.

Los departamentos de marketing de ventas y de publicidad, por citar solo a algunos de los involucrados, no tendrán más remedio que variar sus metodologías de trabajo para adaptarse a una nueva era en la que las redes sociales serán el epicentro de la generación de ventas y la monetización en las empresas.

Si eres empresario o emprendedor, tendrás que adaptarte (si es que no lo has hecho ya) y tendrás que cambiar también tus hábitos comerciales a esta nueva forma de generar negocio. Generar monetización a través de las redes sociales ya es algo imprescindible en un mundo tan globalizado y abierto a la internacionalización.

Pero antes de intentar hacerlo, tendrás que entender que gestionar redes sociales para producir ingresos, ventas o facturación no es pan comido.

Se ha extendido la sensación de que se trata de algo muy fácil debido a la gratuidad de las plataformas existentes y a la aparente sencillez de su uso. Pero la realidad no va por aquí: saber de redes sociales seguro que ayuda, pero para poder monetizar su uso hace falta mucho más.

No te garantizamos que con este libro vayas a convertirte en un genio de la gestión estratégica de las redes sociales, pero sí podemos asegurarte que si consigues integrar y aplicar todos los conocimientos que aquí te transmitimos, no cometerás ninguno de los errores propios de los aficionados y te habrás empapado a la perfección de todo lo que necesitas saber para poder utilizar las redes sociales como canales generadores de crecimiento y beneficios para tu empresa.

CONCEPTOS QUE NECESITAS TENER EN CUENTA

Estos son algunos conceptos básicos y elementos estratégicos que necesitas conocer y tener en cuenta antes de empezar a leer este libro.

Sin importar el grado de conocimiento que poseas sobre el mundo digital, te recomendamos revisar estos elementos que has de manejar antes de pensar en generar beneficios a través de las redes sociales.

1. Coste de Adquisición de Clientes (CAC)

¿Sabes cuánto cuesta adquirir un cliente usando redes sociales?

Comenzamos con este concepto debido a que muchas empresas cometen el error de calcular el CAC mezclando lo que gastan en captar usuarios y lo que invierten en conseguir clientes. No es lo mismo.

La fórmula básica para calcular el CAC es muy sencilla: se trata de dividir lo que has gastado en marketing y ventas en un período concreto, por ejemplo, en un mes, entre los nuevos clientes que han comprado algo de tu organización en ese mismo período, tal y como se muestra en el siguiente cuadro.

$$CAC = \frac{\text{cantidad de dinero invertido en marketing}}{\text{cantidad de clientes conseguidos}}$$

La cuestión es saber diferenciar cuántos clientes son nuevos, es decir, los que te han comprado por primera vez, y cuántos te han comprado en otras ocasiones.

Si tu negocio es *offline*, por ejemplo, una relojería, entonces tendrás que llevar un control de las veces que un cliente te compra un reloj, incluso si repite alguna compra. En un negocio de relojes *online* se puede medir mejor, pero tendrás que gestionar las métricas con una trazabilidad histórica, para lo cual necesitarás algún tipo de herramienta. Nosotros, en The Plan Company, además de Google Analytics hemos probado herramientas como Amplitude.com y Mixpanel.com. Estas herramientas no son gratis, pero si tienes una tienda *online,* pueden resultar muy útiles.

Del mismo modo, es conveniente diferenciar lo que te has gastado en marketing y separarlo de lo que has invertido en ventas en un período concreto para que el resultado sea lo más fiable posible.

Por ejemplo, es importante tener en cuenta dentro de estos cálculos los recursos humanos que has utilizado, el tiempo que has invertido en generar contenido y el tiempo que ha tardado tu web en posicionarse orgánicamente.

Así que te recomendamos, cuando calcules el CAC, incluir los costes inherentes a captar un cliente diferenciando las acciones de marketing y las acciones de ventas.

Para que lo tengas más claro, las acciones de venta podrían ser todo lo que hagas para convertir un posible cliente en un cliente real, como por ejemplo, llamadas telefónicas, envíos de correo electrónico y contactos con el posible cliente para realizar alguna prueba del producto o servicio. Todo esto contaría como acciones de venta. El resto de acciones que nos han ayudado a conseguir ese posible cliente podrían considerarse como acciones de marketing.

Del mismo modo tendrás que incluir en el cálculo del CAC todas las herramientas que utilices para monitorizar y analizar, incluso el software y hardware que utilice tu equipo de marketing y ventas, debido a que no son costes operativos ni estructurales, sino costes relacionados con las herramientas que las personas encargadas de esos trabajos necesitan.

Asimismo, si no posees un histórico exacto de compras de clientes y de adquisición de clientes potenciales, tendrás que calcular cuánto de media tarda un usuario en convertirse en cliente.

De la misma forma, el CAC debe contrastarse contra dos métricas fundamentales: el ciclo de vida de un cliente (*Life Time Value*) y el margen de ganancia que genera ese cliente.

Por ejemplo, supón que tienes una tienda *online* y sabes que un cliente, a lo largo de su vida, te comprará 2.000 euros, y también supón que tu margen es un 20%. Eso quiere decir que con ese cliente ganarás 400 euros. Si te cuesta 50 euros captar a un cliente y luego ganas 400 (como en el ejemplo), entonces tu negocio irá bien. Tendrás que calcular y enfrentar siempre estas variables.

Lo importante es que vayas calculando el CAC y el ciclo de vida de un cliente de forma continua, debido a que las pequeñas variaciones de estas variables aportan mucha información de valor.

En cualquier caso te recomendamos ampliar estos conceptos buscando en Google para que puedas aplicarlos a tu modelo de negocio. A lo largo de este libro encontrarás conceptos y metodologías que se relacionan muy bien con el CAC.

2. Visibilidad

¿Qué es la visibilidad en términos de social media?

Reflexión en un tuit

«Visibilidad en redes sociales significa ser encontrado sin ser buscado, y créeme, nadie va a comprar lo que no ha encontrado», **Pedro Rojas (@seniormanager).**

El término visibilidad, cuando se asocia a las redes sociales y al conjunto de plataformas, herramientas y procesos relacionados con el social media y el marketing digital, significa ser capaz de construir los elementos necesarios para que tú, tu empresa o tu marca estén presentes en los entornos y canales elegidos para ser encontrados.

Visibilidad (en nuestro argot usamos el término anglosajón *exposure*) significa que muchas personas puedan ver quién eres, qué haces, qué ofreces y cómo podrías ayudarles a cubrir alguna necesidad o resolver algún problema en términos de empresa o marca. Se trata de utilizar las tecnologías, los algoritmos, las herramientas y la conducta de las personas en la construcción de nuevas ventanas que proporcionen la ubicuidad necesaria para que las marcas, productos y servicios que representamos sean reconocidos con más rapidez.

Aumentar la visibilidad en redes sociales es un objetivo primordial para cualquier empresa o persona que desee desarrollar su actividad en un mercado tan dinámico, cambiante y competitivo como el actual.

No obstante, poseer visibilidad en el siglo XXI no equivale a tener el respaldo de la mejor agencia de publicidad tradicional ni a disponer de un presupuesto ingente. Al contrario, equivale a conocer las reglas del juego de las redes sociales (algo que las agencias de publicidad aún no dominan) y a realizar una inversión considerablemente menor.

Las redes sociales ya son el eje fundamental en este campo, y han probado ser alternativas formidables para difundir prácticamente cualquier cosa, con un alcance inimaginable hasta hace unos pocos años.

¿Cómo puedes aumentar tu visibilidad?

A lo largo de este libro aprenderás que ser visible en redes sociales, lo que ahora mismo es tan importante como ser visible en buscadores como Google. Esto te permitirá alcanzar objetivos que luego pueden hacer que obtengas beneficios tangibles. Nos referimos a objetivos como estos:

1. Conseguir ser capaz de que tu marca sea reconocida y buscada.

2. Conseguir que usuarios influyentes te mencionen de forma positiva y constante para que luego otros usuarios se hagan eco de esas menciones de forma masiva.

En la actualidad, los conceptos de emisor y receptor han quedado desfasados, pues ahora hablamos de «prosumidores», que son tanto emisores como receptores. Debido a la evolución de las comunicaciones en un plano digital, este concepto ha desplazado a todos los protagonistas de la comunicación hacia una nueva cultura comunicacional: la de la ubicuidad.

3. Influencia en redes sociales

La gestión de usuarios influyentes a través de redes sociales (mejor conocida en su término anglosajón *Influencers Marketing)* se ha convertido en un poderoso medio para darle una mayor visibilidad y alcance a los productos, servicios y marcas de una empresa.

En la actualidad, es una de las principales herramientas que permite llegar a comunidades de personas interesadas en industrias específicas, en las que se necesita un acercamiento más próximo a través de usuarios que son considerados como influyentes dentro de las mismas, o bien a personas que poseen una reputación significativa en redes sociales.

En el capítulo 6 te enseñamos cómo realizar una estrategia básica –pero muy eficaz– para que identifiques a los influyentes del sector que más te interesen y aprendas a persuadirlos para que colaboren en la difusión de tu marca con el fin de alcanzar tus objetivos monetarios. Lo mejor de todo es que, dependiendo de cómo lo hagas, no tendrás que pagarles ni un solo euro para conseguirlo.

4. *Engagement* o interacciones de valor

En palabras de David Soler (@dsoler), especialista en marketing digital, el *engagement* es aquello que hace que las personas quieran seguirte, que reaccionen a tus propuestas de forma entusiasta o que hagan acciones concretas. Es el compromiso que las personas adquieren con algunas marcas, productos o personas de forma voluntaria.

En internet hay un exceso de información que encaja mal con la carencia de tiempo del usuario típico, quien –no necesariamente por falta de interés– es incapaz de atender la avalancha de contenidos, promociones y ofertas que recibe, lo que en más de una ocasión provoca un impacto negativo.

El marketing en redes sociales tiene más que ver con las relaciones públicas que con el marketing tradicional, y su meta fundamental es la creación de una comunidad fiel a una marca o producto. La única posibilidad de lograr este objetivo es conseguir un alto grado de compromiso entre posibles clientes, clientes ya satisfechos y marcas, y eso se consigue a través del *engagement.*

Existen dos factores imprescindibles para conseguirlo:

- Conocer bien a tu posible cliente, de manera que puedas ofrecerle información dirigida a sus intereses concretos, y entonces, finalmente, su fidelidad se transforme por sí misma en ventas.

- Un período de tiempo (variable según el caso) y un producto o servicio que te permitan llegar de manera profunda a tu cliente potencial, alcanzando así un grado de compromiso tal que este decida establecer un nexo sólido con tu marca.

Hay muchas maneras de conseguir el deseado *engagement,* según el tipo de producto o servicio que ofrezcas, pero en todos los casos es vital comprender las motivaciones de los usuarios con respecto a tu marca y valorarlas debidamente.

Para que puedas conseguir un vínculo duradero, tras llamar la atención de tu cliente potencial, tendrás que ir un poco más allá hasta cautivarlo y conseguir el compromiso que te garantizará su fidelidad.

De nada te sirve captar su atención si luego la dejas escapar. Con independencia del tamaño de tu comunidad, lo esencial es el tipo de relación que establezcas con tus seguidores, no la relación en sí.

5. Conversión en términos de clientes en redes sociales

La conversión a través de redes sociales significa llevar a cabo acciones eficaces que permitan obtener posibles clientes (en nuestro argot, llamamos *leads* a estos clientes potenciales) o ventas directas desde cualquier red social como fuente de tráfico.

Un *lead* suele ser un internauta del que conocemos su nombre y su correo electrónico, que es la información básica que necesitas para poder mantener el contacto con un usuario. Se trata de una persona que ha facilitado sus datos de contacto a través de un formulario o suscripción a tu web (lo habitual es que ofrezcas un contenido de valor, que puede ser descargado desde tu web, a cambio de sus datos). Así que, para empezar a generar *leads,* deberías crear contenidos interesantes para tu público objetivo y emplazarlos en distintas *landing pages* o páginas de aterrizaje.

En este punto es realmente importante saber cómo se llevará a cabo el proceso que te permitirá conseguir que esas personas que te han visto en las redes sociales compren después tus productos o servicios en el sitio que has diseñado para ello.

Ampliaremos la información utilizando el concepto del «túnel o embudo de conversión» (del inglés, *conversion funnel),* que representa de forma gráfica este proceso desde que se inicia, cuando un usuario te encuentra (gracias a técnicas de atracción) y decide entrar en contacto contigo o con tu empresa, hasta que acaba convirtiéndose en tu cliente:

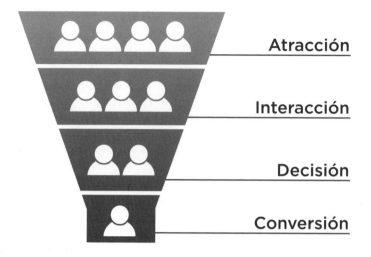

Tu objetivo es maximizar la conversión (las ventas) a través de una estrategia coherente en redes sociales que acorte la longitud del embudo. Las redes sociales, bien utilizadas, te permiten suprimir algunas etapas previas a la conversión o acortar las existentes debido a que impactan en los usuarios desde muchos ángulos. En pocas palabras, siguiendo una estrategia de conversión optimizada es posible que consigas aumentar de modo sustancial las ventas de tus productos o servicios.

Aunque en los próximos capítulos te mostraremos otras formas de conseguirlo, a continuación te ofrecemos una breve introducción:

- Aportar valor en los contenidos que difundes en redes sociales puede hacer que la etapa «descubrir» del embudo se reduzca.

- Si cubres una necesidad o resuelves algún problema con lo que aportas a la red, la etapa «generación de necesidades» prácticamente se elimina.

- Si consigues crear barreras de salida en tus entornos 2.0, puedes hacer que tus *leads* consideren a tu marca como la única opción a la hora de adquirir productos o servicios.

6. Las redes sociales como motor impulsor de las conversiones

Javier Gosende (@javiergosende), uno de los profesionales de Analítica Web y SEO más reconocidos de España, opina que «convertir visitas, usuarios o fans en clientes es una de las principales preocupaciones de las marcas». Asimismo expone que el embudo de conversión es un largo túnel que necesitas reducir con la ayuda de las redes sociales.

Para que alguien compre los productos o servicios que ofreces, primero tienen que conocerte, pero entre conocerte y comprarte hay un espacio muy grande, y es precisamente en ese espacio donde, como marca, tienes que esforzarte en persuadir al usuario utilizando tus redes sociales como el canal perfecto para lograrlo.

Las redes sociales, como escaparates de nuestra empresa para mejorar la conversión, son una excelente plataforma para convencer a tu público objetivo; he aquí algunas ideas para que sepas cómo se puede lograr.

Muchos especialistas en social media coinciden en que cuando las empresas utilizan redes sociales como canal de conversión, tienen que procurar crear y a la vez hacer crecer una comunidad. Pero esto no siempre es posible en la actualidad, y mucho menos crear comunidades con muchos usuarios.

Estamos casi seguros de que si estás leyendo este libro no trabajas para Coca-Cola o Starbucks, marcas muy conocidas que ya gozan de un gran posicionamiento con acciones en redes sociales que llegan a grandes audiencias. Aunque si trabajas en Coca-Cola o Starbucks y estás leyendo estas líneas... ¡Hola! Nos encanta que estés leyendo este libro porque eso significa que hemos llegado lejos.

Pero ¿qué ocurre en el caso de una pyme o una micro-empresa relacionada con un producto que no es tan archiconocido ni sexy como las marcas mencionadas anteriormente?

Supongamos que gestionas las redes sociales de una empresa que fabrica y vende extintores de incendios. Seguro que piensas que es aburrido, ¿verdad? Pero podría tocarte como cliente una empresa así, o mejor aún, podrías ser el director de Marketing de una empresa de este tipo.

Te confesamos que estamos convencidos de que una empresa que vende esta clase de productos de seguridad puede generar una gran comunidad, como cualquier otra empresa que oferte bienes de consumo masivo reconocidos.

No obstante, seamos sinceros: un extintor de incendios es un producto poco atractivo, y al parecer no tiene gancho para crear comunidad. ¿Cuántos usuarios piensas que podrían hacerse fans de una empresa de extintores? Sabemos que serán pocos, y que por mucho contenido que publiques no es un producto fácil para crear *engagement*. ¿Qué harías en este caso?

Para empezar, puedes usar las redes sociales como un canal que ayude a la conversión, que comunique mejor las bondades de la empresa, que comunique su saber hacer.

Javier Gosende comenta lo siguiente sobre este aspecto: «yo particularmente veo oportunidades de convertir las plataformas sociales en una especie de escaparate de lo que hace la empresa y de cómo lo hace, por ejemplo, creando un perfil de Instagram o una Facebook Page (página) como portafolio de productos».

En Instagram y Facebook, podrías mostrar un histórico de los trabajos que ha hecho la empresa, así como de las instalaciones de extintores que ha ido realizando en los últimos meses. Cada vez que la empresa instala un extintor en otra empresa, puedes colgar una foto o hacer un vídeo para YouTube y hacer una pequeña reseña. Esta estupenda información visual ayuda muchísimo a que los visitantes se convenzan de que esta empresa es la ideal para sus necesidades.

La gente contrata a las empresas que demuestran experiencia en su actividad.

En este sentido, tu objetivo en las redes sociales no sería tanto conseguir 10.000 seguidores, «me gusta» o fans (de hecho, será complicado conseguirlos rápido, en este caso, debido a las características del producto), sino convertir esa red social es una excelente plataforma que muestre los productos, así como las empresas que están contratando dichos productos, lo cual mostrará a su vez lo bien que tu marca está haciendo el trabajo. Este tipo de información convence aún más a tus potenciales clientes de que tu empresa es la que necesitan contratar.

Las redes sociales también son difusoras de contenidos para mejorar la conversión, y el contenido es el activo más valioso en internet, es la mejor forma de diferenciarnos de nuestra competencia.

Crear contenidos que ayuden en el proceso de compra es una excelente fórmula para mejorar la conversión, pero crear contenido no es gratis, sobre todo, crear contenido de calidad que genere una respuesta en nuestros usuarios enfocada hacia la compra.

Una de las ventajas de las redes sociales es que nos permiten recopilar contenido de calidad creado por los mismos usuarios *(crowdsourcing)*. Si necesitas un determinado tipo de contenido, ahora puedes contar con tus seguidores o fans para que lo generen, y luego aprovecharlo para posicionarlo en buscadores o usarlo para convencer a posibles clientes de que te compren.

La mejor forma de recibir estos contenidos son las redes sociales; son las plataformas ideales para solicitarlos, recibirlos y convertirlos en algo útil.

Por ejemplo, imagina que gestionas una tienda *online* de venta de cortinas, y has detectado que muchos usuarios hacen búsquedas en Google con las palabras «fotos de cortinas» o similares a través de herramientas sugeridoras de palabras clave.

Este hecho es un claro indicador de que debes crear páginas optimizadas que contengan esta frase. Por ejemplo, una página de galería de fotos de cortinas montadas en entornos reales.

Pero ¿cómo puedes obtener contenido de calidad para un caso como este? Una buena idea podría ser a través de un concurso en Instagram o Facebook usando la herramienta EasyPromos para solicitar a tus seguidores que publiquen en sus redes sociales fotos de las cortinas con las que han decorado sus casas. ¡Claro está, el ganador debe llevarse un premio!

De esta forma, en un período de tiempo reducido, has conseguido imágenes reales provenientes de posibles clientes y compradores al mismo tiempo, que puedes usar en la página optimizada que hemos mencionado antes sobre fotos de cortinas. No solo se trata de una página que posicionará muy bien en buscadores gracias al contenido, sino que es también una página con testimonios reales de clientes que ayudarán a mejorar la conversión en página web.

Con estos dos ejemplos queda demostrado cómo es posible aumentar los ingresos en la cuenta de resultados de una empresa gracias a formas sutiles de persuasión enfocadas a la comunidad que vayas creando en tus redes sociales de empresa.

En eso consiste este juego: en enamorar lentamente y poco a poco y sin que el posible cliente se sienta presionado. Se puede vender sin parecer un vendedor. La clave es convertir las redes sociales en un motor de persuasión dirigido a tus potenciales clientes.

Reflexión en un tuit

«La mejor manera de vender a través de redes sociales es que nadie se dé cuenta de que estás vendiendo», **de Álex López, (@retailmeeting).**

7. Fidelización, lealtad y retención en redes sociales

La fidelización de clientes en una empresa comienza con el primer contacto que tiene la marca con el usuario y continúa durante toda la vida útil de la relación. La capacidad de una marca de atraer y fidelizar nuevos clientes no solo está relacionada con sus productos, sino también con la forma en que gestiona los servicios frente al cliente existente y con la reputación que tiene la empresa en el mercado en el que opera.

Más que dar a tus clientes lo que se supone que esperan, se trata de superar sus expectativas para que se conviertan en defensores leales de tu marca. La fidelización de un cliente pasa por ponerle más valor a este que a la maximización de las ganancias. La clave diferenciadora en un entorno competitivo es, muy a menudo, un alto nivel de servicio y atención al cliente.

La fidelización del cliente tiene un impacto directo en la rentabilidad de una empresa: según nuestras últimas estadísticas internas en cuanto a gestión de clientes en redes sociales, hemos observado que los clientes comprometidos con una marca generan 1,7 veces (de promedio) más ingresos que los clientes que solo han comprado una única vez, mientras que crear *engagement* con empleados y clientes a la vez supone un aumento de ingresos de 3,4 veces más, lo cual incluye en la ecuación el uso de las redes sociales por parte de los empleados.

En conclusión, la fidelización trata de retener a esos seguidores de tu página y en ese momento iniciar una relación de comunicación con ellos que te permitirá afianzar su lealtad por la marca y aumentar su interés por tus productos; en definitiva, fidelizarlos para luego convertirlos en clientes.

Pero el proceso de fidelización no termina aquí, porque lo importante no es vender una vez, sino conservar al cliente y hacer que éste compre de nuevo. Ten en cuenta que es mucho más costoso atraer a un cliente nuevo que conservar uno que ya lo es. Debemos fidelizarlos para que compren una y otra vez algunos de nuestros productos.

Fidelizar te será útil para lograr que tu marca tenga los mejores portavoces: tus clientes. No hay nada mejor para una marca que un cliente fiel hablando sobre ella, que la recomiende a sus amigos o la viralice en su muro. Esto es publicidad de contenido con un valor agregado importantísimo: la voz del propio consumidor.

En el proceso de fidelización hay tres elementos interdependientes conocidos como «las 3 C», correspondientes a captar, convencer y conservar. Estos tres elementos son de suma importancia en el proceso porque solo es posible fidelizar a los clientes vinculándolos de manera profunda para completar el ciclo de fidelización, utilizando los datos obtenidos a través de herramientas que nos ayuden (como programas o aplicaciones) y ofreciéndoles una experiencia de calidad en todos y cada uno de los estadios del ciclo de vida de dicho consumidor.

> **Reflexión en un tuit**
>
> «La fidelización en redes sociales no siempre significa lealtad», **Luis Manuel Villanueva (@Lu1sma).**

Es ineludible: dondequiera que mires verás a la gente de marketing prometiendo mejorar la lealtad de los clientes. Sin embargo, nosotros somos escépticos y creemos en la máxima de Peter Ducker: «si no se puede medir, no se puede manejar». Por lo tanto, cuando alguien dice que puede «mejorar la lealtad», nos gustaría saber, en primer lugar, qué quiere decir con lealtad y, en segundo lugar, cómo va a medirla.

La mayoría de las veces, cuando se habla de lealtad, las personas se refieren a la tasa de fidelización de clientes, guiándose por el grado de interés del cliente o por las veces que compra un producto. La fidelización está muy valorada por los profesionales de social media, pero no es lo mismo que la lealtad. Y no es tan útil.

Entender la diferencia entre la lealtad y la fidelización es importante debido a que son dos factores claves correlacionados con el éxito del negocio (más facturación, ganancias o ambos). Si la correlación es entendida, entonces la gestión orientada a la mejora en la fidelización de clientes o la lealtad del cliente equivale a la gestión para el éxito empresarial.

Habitualmente la tasa de fidelización se define como el porcentaje de una población de clientes que estaban activos a partir de una fecha anterior y se siguen considerando activos un año más tarde. (Usamos un año en nuestro ejemplo, aunque cada empresa utilizará períodos más cortos o más largos, dependiendo de su negocio).

Ten en cuenta que la tasa de fidelización no es una medida del comportamiento individual del cliente, sino una medida del comportamiento colectivo de las personas que conforman tu grupo de clientes.

Por otro lado, la lealtad es una medida de la actuación de los clientes individuales, y su puntuación, como tal, se compone de muchas partes. Puede incluir la cantidad que un cliente ha comprado, la frecuencia de compra, cuántos elementos diferentes adquiere de un conjunto de productos, el tiempo que ha pasado desde la última vez que el cliente compró o visitó la web, y su probable valor futuro. Es obvio que estas cifras pueden variar de un cliente a otro.

Algunas empresas definen la lealtad del cliente como el compromiso que este tiene con su marca, pero esto es apenas medible. Una mirada más cercana a las dimensiones de la lealtad da una mejor comprensión de la importancia de conocer las diferencias entre lealtad y fidelización.

De igual forma, la tasa de fidelización es un macro-número, es una medida que se aplica a una población de clientes. Las empresas están mucho más interesadas en saber cuántos de sus clientes son activos y compran (tasa de retención), además de conocer las características de compra de cada cliente activo o no (fidelización).

Reflexión en un tuit

«La fidelización es una pregunta binaria SÍ/NO. Por eso la tasa de fidelización resume el estado de toda la población de clientes», **María Redondo (@mariaredondo).**

La lealtad es un concepto micro, se define y se mide cliente por cliente, es decir, dos clientes podrían ser muy activos, pero en diferente grado de lealtad.

Así que la medición de la tasa de fidelización es solo cuestión de contar los clientes que estaban activos en una fecha anterior, generalmente un año, y luego constatar si continúan activos.

Sin embargo, la lealtad es un concepto, y debe ser definida en términos de alguna realidad física, si se va a medir. Por ejemplo, el concepto de azul podría ser definido por aquello que es común al cielo, el mar y los pitufos.

Un enfoque más científico es definir el concepto en términos de algo más que tiene una realidad medible. Por lo tanto, azul podría definirse en términos de la longitud de onda de la luz reflejada. Usando este enfoque, la lealtad en marketing se puede describir en términos de alguna actividad de comportamiento tal como la frecuencia de compra.

Siguiendo el segundo método, primero definimos la puntuación de riesgo de un cliente como la probabilidad, de cero a uno, de que un cliente haga una compra en los siguientes 12 meses. Una buena puntuación de riesgo predice con exactitud si el cliente comprará o no en el siguiente año.

Con esta medida, podemos ver que la lealtad de un cliente es la inversa de su puntuación de riesgo. Cuanto mayor sea la puntuación de riesgo, es más probable que el cliente nos abandone y menor la probabilidad de que el cliente nos sea leal.

Por otro lado, teniendo en cuenta que la fidelización es una métrica que afecta a toda la empresa, en realidad solo hay dos cosas que una empresa o un profesional de las redes sociales puede hacer basándose en los resultados de la tasa de fidelización: gritar desesperado (cuando baje el índice de fidelización) o sonreír (cuando se levanta).

Sin embargo, la medición de la lealtad de un cliente te ofrece oportunidades de realizar acciones:

- Una caída en la lealtad de un cliente debe dar lugar a una oferta con un incentivo para realizar una compra.

- Un aumento en la lealtad de un cliente ha de premiarse con un agradecimiento y ofertas en productos especiales.

- La mensajería basada en mediciones de fidelidad permite a las empresas hacer ofertas individualizadas, relevantes para los clientes con comportamientos de compra similares.

- Cómo utilizar las redes sociales para retener clientes

La fidelización permite a las empresas calcular el valor del cliente para determinar si vale la pena continuar fidelizándolo. A la lealtad no solo le concierne premiar a los clientes con ofertas personalizadas a través de programas de fidelidad, sino también convertir a los clientes satisfechos en defensores de la marca.

Técnicas como el análisis sobre el funcionamiento de las redes sociales permiten identificar a los clientes más influyentes. En la actualidad, la confianza hacia las acciones de marketing de las empresas ha ido decreciendo, así que la capacidad de aprovechar las recomendaciones de las personas del mismo nivel que están activas en redes sociales es una forma muy poderosa de crear fidelización.

En conclusión, la fidelización en redes sociales permite a las empresas identificar de manera anticipada los signos de deserción de los clientes, y así estas pueden abordar de forma proactiva al mejor cliente en función de la probabilidad de aceptar una oferta para quedarse y no irse con algún competidor.

8. Reputación *online* y *sentiment*

Uno de los elementos que definitivamente nos ayudará a monetizar nuestras redes sociales es la información que se encuentre asociada o relacionada a tu marca o empresa en buscadores como Google, y aunque Google no es una red social como tal, la conducta del consumidor moderno, los canales que utiliza y las decisiones que toma han hecho que los resultados que arroja Google estén estrechamente ligados a la monetización de las redes sociales.

A la connotación que le otorgamos a esta información la llamamos «reputación *online* o reputación digital». Y es tan poderosa que todo resultado de búsqueda que posea una connotación positiva sobre una marca, producto o servicio permite a posibles clientes adoptar decisiones positivas sobre lo que van a consumir; es decir, comprar esa marca, producto o servicio. Por el contrario, encontrar connotaciones negativas podría hacer que un consumidor decidiera no adquirirlos.

Ten por seguro que cada vez más personas van a estos motores de búsqueda para saber más sobre una marca, un producto o un servicio en particular.

• Pero ¿qué es la reputación *online*?

¡Sencillo! Es la percepción que las personas que conocen una marca, empresa, producto o servicio tienen sobre el mismo. El concepto se aplica también si una persona se encuentra con la marca, empresa, producto o servicio por primera vez: es lo que siente, la sensación que le produce y la experiencia que le queda en el pensamiento.

En el caso de una empresa, podemos hablar también sobre «reputación corporativa». En social media, existe una unidad de medida para la reputación *online* denominada *sentiment* (de esto hablaremos un poco más adelante).

Reputación *online* solo hay una, y aunque puede mejorarse e incluso cambiarse, no debe obsesionarte dónde se desarrolla, sino quién y cómo la percibe.

Así que lo importante aquí es saber cómo crearla, mejorarla y protegerla a través de lo que se conoce como gestión de reputación *online;* en inglés, *Online Reputation Management* (ORM).

La gestión de reputación *online* representa todas las acciones que puedes llevar a cabo para hacer que tu marca, empresa, producto o servicio sea percibido con la reputación *online* que tú quieres.

- ¿Por qué es tan importante esto de la reputación?

Se sabe que el ciclo de compra se ha visto influenciado tanto por las redes sociales como por el resto de los canales y herramientas que las personas utilizan como fuentes de información y comunicación.

En la actualidad, si te enteras de la existencia o las propiedades de un producto en alguna de las redes sociales en las que tienes un perfil, lo más seguro es que vayas a Google a obtener más información sobre ese producto, ¿verdad? Pues imagina que lo primero que encuentras son comentarios negativos sobre el mismo. ¿Seguirías considerando comprar ese producto? Estamos seguros de que no.

Por eso es fundamental saber cómo se percibe la reputación de tu marca, empresa, producto o servicio antes siquiera de que pienses en abrir un perfil en redes sociales.

Te damos un ejemplo: en The Plan Company tuvimos la oportunidad de asesorar a un gran banco español que, en su momento, nos pidió una estrategia en redes sociales para acompañar a su campaña de marketing tradicional basada en la publicación de productos financieros muy competitivos con un claro objetivo enfocado en *market share* o cuota de mercado.

El caso es que mientras hacíamos la auditoría de social media, y ya dentro del análisis de la reputación, nos encontramos con numerosos resultados en Google de connotación negativa, con comentarios y publicaciones de clientes y antiguos trabajadores del banco muy insatisfechos por dos razones: una, la reclamación de un cargo por una comisión bancaria que al parecer la entidad cobró por error; y la otra, la queja de un grupo de ex empleados descontentos por la forma en la que habían sido despedidos del banco.

Así que recomendamos no iniciar acciones de marketing en redes sociales hasta haber gestionado y resuelto las insatisfacciones y los comentarios negativos que aparecían en internet.

¿Te imaginas que el banco hubiese publicado algún tipo de promoción de tasa en lugar de dar respuesta a los clientes insatisfechos? La respuesta hubiese sido una avalancha de más comentarios negativos.

A partir de esa experiencia, el banco entendió que las redes sociales podrían convertirse en un excelente canal para la atención a clientes, y al hacerlo pudo incluso reducir el coste operativo de atención al cliente en un 26%. Interesante, ¿verdad?

La reputación de una marca no depende en exclusiva de los mensajes que publica durante sus campañas de marketing o comunicación corporativa. Es posible que en tu día a día de publicaciones las personas generen respuestas positivas o negativas, y entonces tendrás que gestionarlas.

De hecho, la reputación *online* de una marca también está ligada a las personas que dirigen la empresa, que quedan inevitablemente asociadas a la marca desde sus propias reputaciones personales, un concepto conocido como marca personal, y eso es algo que también tendrás que tener en cuenta.

- ¿Cómo puedes gestionar la reputación de tu marca?

El análisis de la conversación que genera la reputación *online* se origina en estos tres ángulos: dónde se habla, de qué se habla y quién habla.

Tu misión es gestionar (identificar, analizar y luego publicar) para contrarrestar con contenido lo que sea que hayan dicho de tu marca. No obstante, no tienes que hacerlo en los mismos canales en los que están hablando u opinando sobre la marca, sino en los que la estrategia lo requiera.

Selva Orejón (@selvaorejon), consultora en comunicación *online,* especialista en ciberseguridad y reputación *online,* hace énfasis en la importancia de hacer una diferenciación entre la gestión de la imagen de marca y la gestión de la reputación de marca, y nos deja con la siguiente información reflejada también en su web: la reputación corporativa no puede ser gestionada como concepto; únicamente puede gestionarse la identidad de la organización (su ser y su hacer) en función de cómo se percibe.

Sin comunicación de la identidad de la marca, sin proyección de la personalidad corporativa, no existe proceso perceptual de ningún tipo en la mente de nadie. Por lo tanto, no puede darse la configuración de gestión de reputación corporativa, ya que no existe ninguna imagen corporativa que pueda ser expresada.

Aclarado este punto, lo que de verdad te debería preocupar como responsable de una marca o de una empresa, o incluso si eres un profesional que intenta crear una marca personal, es seguir el consejo de Sócrates: «ser y hacer de forma coherente: lograrás una buena reputación si te esfuerzas en ser lo que quieres parecer».

Insistimos: eres lo que haces y dices; una marca es lo que hace y dice. Si el mensaje cuenta con el gran altavoz que representa la red y el gran repositorio de información que representa Google, entonces tendrás que ser especialmente cuidadoso.

- ¿Qué proceso debe seguir la gestión de la reputación?

Para poder establecer un modo de trabajo eficaz debes cambiar el chip y pensar de forma estratégica debido a que tendrás que seguir unos pasos a la hora de elaborar el plan de reputación *online:*

- Análisis de la marca y de su entorno.

- Monitorización inicial según un listado de palabras clave (en nuestro argot, *keywords)* específicas: «negocio», «marca», «competencia».

- Creación de un informe de resultados y *feedback* con departamentos o personas de interés (transversalidad).

- Mapa de públicos, temáticas y riesgos.

- Puesta en común de información con los responsables de reputación o comunicación.

- Listado de objetivos y acciones para la presencia *online.*

- Establecimiento de los portavoces, los canales y las estrategias de respuesta.

- Planificación de actuaciones en la red y otros espacios de conversación.

Antes de llegar a la elaboración del plan de reputación, tendrás que tener el máximo posible de información sobre estos aspectos:

- La empresa y las marcas involucradas.

- Los productos y/o servicios.

- El mercado.

- El entorno.

- Las posibles audiencias.

- ¿Cómo conseguir esta información? ¿Cómo iniciar un rastreo y análisis de datos en internet?

Para poder conocer qué dicen de tu marca en internet tendrás que establecer unos parámetros de búsqueda y elegir algunas herramientas de monitorización en el análisis previo a empezar a usarlas.

Analizaremos las palabras clave que nos definen como empresa, marca y productos. Una vez hayamos realizado este análisis, debemos elegir la herramienta que mejor se adapte a nuestras necesidades, según volumen de información e importancia de búsqueda en tiempo real, y examinaremos la conversación que gira en torno a nosotros.

En el análisis buscamos conocer el *sentiment* de tu marca, es decir, la interpretación de la actitud o la opinión de un público hacia una marca y su implicación con la misma. Pero ¿qué hacer si en la monitorización vemos que el *sentiment* es negativo y el motivo es que los usuarios han publicado críticas hacia tu empresa?

Si durante la primera fase de rastreo de información y su proceso de gestión de la reputación se percibe que hay críticas, calumnias, injurias, mala prensa o problemas de atención al cliente no resueltos, no debemos asustarnos ni quedarnos parados, sino interpretarlo como una oportunidad. Si hay problemas de percepción entre nuestros públicos, entonces podremos reaccionar de diferentes formas, en función de cada caso.

Para medir el *sentiment* se usan varios elementos de influencia:

1. Fuerza: este indicador señala la probabilidad de que una marca sea centro de conversación en la red, lo que se ve en los comentarios que aparecen en las redes sociales, blogs y redes de contenido multimedia. El sentimiento puede ser positivo, negativo o neutro; he aquí un ejemplo para entenderlo mejor:

a) Positivo: me encantan las zapatillas de equis marca; son súper-cómodas.

b) Neutro: hemos quedado en la puerta de equis tienda.

c) Negativo: odio a las dependientas de la tienda equis.

La suma de muchos resultados a, b o c da como resultado un *sentiment* x, expresado en un porcentaje. Sin embargo, hay que ver qué público lo está indicando y en qué contexto ocurre.

2. Pasión: un tono muy positivo en *sentiment* indica que un determinado público piensa de forma muy positiva o muy negativa sobre algún aspecto de la marca. En este indicador podemos encontrar a los *heavy users* (acceden mucho a la red y compran más que la media), a los *brand fanatics* (fans de la marca), a los *trolls* (publican mensajes provocadores) y a los detractores.

3. Alcance: número de usuarios únicos entre el número de menciones. Otro indicador a tener en cuenta para ser medido con total cautela, ya que refleja los principales problemas de la monitorización; no discrimina la ironía en nuestro idioma, las herramientas de búsqueda a menudo tienen como idioma nativo el inglés y, por lo tanto, si encontramos en una red social, por ejemplo, «cómo me gusta viajar con Iberia, porque además de volar te dan una clase de yoga», el *sentiment* podría interpretarse como positivo cuando en realidad es negativo.

Es resumen, las monitorizaciones son necesarias, pero han de ser gestionadas con mucha profesionalidad, midiendo bien; lo que de verdad debe importar en nuestro día a día es poder contestar a la siguiente cuestión: cómo nos perciben *versus* cómo nos gustaría ser percibidos.

En este proceso de recogida de información encontraremos discrepancias entre qué valores queremos transmitir y qué valores llegan a los diferentes públicos, cómo nos perciben. Lo importante en este camino es entender que este rastro nos servirá como brújula para marcar objetivos de reputación con cada público identificado.

La reputación debería minimizar la diferencia entre cómo queremos ser percibidos y cómo lo somos en realidad.

POR QUÉ NO HA FUNCIONADO LO QUE HAS HECHO HASTA AHORA EN REDES SOCIALES

2

1. Ignora el ruido en la red y confía más en los hechos

En la mayoría de los casos, la gente que desconfía de las redes sociales basa su temor en el desconocimiento; y eso es así porque las ha usado poco o no las ha utilizado nunca.

En el caso de muchos directivos, la falta de comprensión de esta combinación de herramientas y plataformas lleva a cierto desdén simplemente porque no entienden lo que el social media puede llegar a hacer por su marca, y mucho menos cómo se puede usar para hacer negocios.

Otro miedo habitual es pensar que exponer una marca, productos o servicios en redes sociales es una forma de exponerse también a que las personas hablen mal de los mismos (o que los critiquen) en estos canales en excesivo públicos y globales. Pero la verdad es que si tu marca, producto o servicio tiene algo por lo que pueda ser criticado, es mejor que lo sepas de esta forma tan directa y económica: es decir, ¡ya está sucediendo! Lo que pasa es que simplemente tú no te has enterado, y por eso ni lo sabes ni lo puedes controlar.

El avance del social media ha sido vertiginoso y, a pesar de los intentos de algunos por evitarlo, bien fuese haciendo la vista gorda o bien ocultándose con timidez, podemos afirmar que ha llegado para quedarse. Las marcas con visión de futuro no solo están usando Instagram, Twitter, Facebook, LinkedIn, YouTube, TikTok, Snapchat, WhatsApp y blogs (entre otras plataformas) como formas de alcanzar a sus posibles clientes, sino que están dejando atrás a la competencia.

Quienes no usan redes sociales en una empresa tienen un amplio abanico de razones para evitarlas; a lo largo de los años que llevamos desarrollando estrategias de social media marketing y *Growth Hacking* (estrategia de posicionamiento) en The Plan Company, hemos conocido unas 30 razones para no usarlas cuando escuchamos por primera vez a quienes luego se han convertido en nuestros clientes:

1. Los empleados se entretienen en las redes sociales.

2. Perjudica la productividad de los empleados.

3. Podría dañar la reputación de la empresa/marca.

4. Comporta riesgos de seguridad.

5. Miedo a lo desconocido.

6. Estamos saturados de información.

7. No sabemos lo suficiente al respecto.

8. La mayoría de las discusiones *online* son superficiales; tenemos trabajo real que hacer.

9. No tenemos tiempo ni recursos para gestionarlo o moderarlo.

10. Nuestros clientes no usan redes sociales.

11. Los medios de comunicación tradicionales tienen más alcance.

12. Usaremos social media cuando esté más establecido de forma corporativa.

13. No encaja en las estructuras actuales.

14. No hay resultados garantizados.

15. Las herramientas de medición no están lo suficientemente maduras aún.

16. Nosotros estamos en *business to business* (B2B), es decir, transacciones entre empresas) y eso aquí no sirve.

17. Perderemos el control de nuestra marca e imagen.

18. La directiva no nos apoyará.

19. Esperaremos a que el retorno de la inversión (ROI) aporte datos y cifras.

20. Tememos cometer algún error.

21. Falta de experiencia.

22. Ignorancia.

23. Reticencia a ser transparente.

24. Confusión.

25. Falta de dinero.

26. Escasez de conocimientos.

27. Carencia de liderazgo.

28. Temor a la crítica y la verdad.

29. Es una «novedad», vamos a esperar.

30. Un alto grado de escepticismo.

¿Te reconoces en alguna de estas razones para rehuir el uso de las redes sociales en tu marca? Si tu respuesta es afirmativa, ¡sigue leyendo! Vamos a darte la información que necesitas para comprender por qué el social media es imprescindible para tu marca. Pero antes, queremos asegurarnos de que entiendas lo siguiente:

1. Usar redes sociales de forma corporativa ya no representa el futuro. Es el presente y, asúmelo, esto no va a desaparecer.

2. Las marcas que seguramente tendrán éxito en los próximos 10 años son las que se han adaptado a la forma de hacer marketing a través redes sociales y otras plataformas similares.

3. Las marcas que no tendrán éxito en los próximos 10 años son las que no se adapten al social media marketing (sobre todo por esos temores que esperamos eliminar con este libro).

4. Las redes sociales y el social media como técnica son reales. Son factibles. Son medibles.

2. La hora punta del social media

Desde mediados del año 2000, poquísima gente podía describir lo que es social media con propiedad, y mucho menos desarrollar estrategias o proponer tácticas. Se trataba de un entorno demasiado novedoso, un campo fértil, sin orden ni reglas, para explorar y experimentar.

La verdad es que en el ámbito corporativo nada ha dejado una huella tan relevante como lo hizo en su momento el social media marketing. Para que te hagas una idea de su impacto y evolución, piensa que en el año 2004 no había libros que usaran siquiera el término «social media», y mucho menos uno especializado en el tema.

En algunos había apenas esbozos de lo que llegaría a convertirse en uno de los cambios más drásticos en la forma de hacer marketing. Sin embargo, tan solo cuatro años después, en 2008, ya se decía que era imposible mover un ordenador portátil sin tropezar con una bandada de consultores en social media.

El mundo corporativo sintió curiosidad, sí, pero solo un poco. En cambio, gran cantidad de marcas pequeñas se atrevieron a probarlo: necesitaban hacer uso de cualquier ventaja que pudiesen aprovechar. Pero las grandes marcas no estuvieron dispuestas a hacerlo, con toda probabilidad por alguna de las 30 razones que mencionamos antes.

Con la explosión de información llegó también, de forma inevitable, el *Hype Cycle* (conocido en castellano como ciclo de sobre-expectación), reseñado por primera vez en 1995 por una casa de análisis estadounidense llamada Gartner. Cuando el mercado estaba ya enardecido hablando de este nuevo invento, llegó el período denominado «abismo de la desilusión».

Tal y como se aprecia en el siguiente cuadro (*Hype Cycle* de Gartner), cualquier lanzamiento tecnológico tiene su ciclo y las redes sociales están (y estarán por un buen tiempo) en la cresta de la ola.

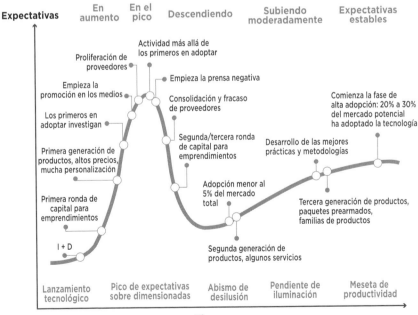

La gente recordaba el bum de las puntocom y se preguntaba si el siguiente gran invento sería solo una moda pasajera o no. Hoy en día Facebook (propietaria de Instagram y WhatsApp), que es la red social más grande del mundo, está valorada en miles de millones de dólares... En definitiva, no va a desaparecer pronto.

Algo que evidenciamos desde muy temprano, casi desde el nacimiento de las primeras redes sociales, es que las marcas que aprendimos a usar herramientas de social media durante el período que va de 2007 a 2009 alcanzamos la meseta de la productividad, asimilamos de forma efectiva cómo procesar la información (producto, metodología, estilo, etc.) y cómo usarla de manera práctica y sensata. Como marcas, aprendimos que el social media es real, factible y medible. Es convicción.

Reflexión en un tuit

«Para sobrevivir, las marcas deben incluir a sus clientes en las conversaciones. Los consumidores están cansados de que les hablen. ¡Ellos también quieren participar!», **María Redondo (@mariaredondo).**

Cuando el social media alcanzó su pico de expectativas, entre 2009 y principios de 2010, Facebook alcanzó millones de miembros, y los adeptos a las redes sociales precoces empezaron a compartir sus datos en plataformas sociales. Muchas marcas y sus responsables de marketing trabajaron de manera frenética por conseguir hacerse con las riendas de los nuevos medios sociales.

Como resultado de este frenesí, muchos profesionales del marketing que se asomaban a Facebook para vender sus productos decidieron bombardear Twitter con enlaces dirigidos a sus webs varias veces al día, mientras sus equipos de relaciones públicas dejaban comentarios indiscriminados en blogs para promocionar y promocionar y promocionar... Actuaron tal y como les enseñaron en la vieja escuela de publicidad o marketing tradicional, y obtuvieron resultados acordes con esas técnicas desfasadas y obsoletas: fueron rechazados.

Como era de esperar, el único retorno de inversión que recibieron los responsables de marketing y publicidad fue una pesadilla cuando fueron acusados por blogueros de hacer *spam* con sus comentarios unilaterales y sus mensajes publicitarios excesivos. Los clientes tenían el control, no los profesionales: el mercado había cambiado.

3. Social media no es tecnología, es comunicación

Muchas marcas, productos y servicios se sienten confundidos con respecto al uso de redes sociales, porque no entienden que si bien las plataformas de social media marketing están construidas con tecnología, están creadas para la comunicación.

Sí, las plataformas en sí mismas son escenarios tecnológicos, pero las redes sociales, y por lo tanto el social media marketing, tratan de comunicación. Ahí las tareas se desempeñan con naturalidad –y se perciben de esa manera–, porque las realizan humanos, no ordenadores.

La gestión corporativa de redes sociales va de acercarse a las personas allá donde estas estén, que es el espacio donde estarán dispuestas a escucharte. Intentar sacarlas de su espacio para encajarlas en el tuyo es un ejercicio inútil, porque tus clientes potenciales atenderán a tu mensaje solo si tú te acercas a ellos en su entorno.

No caigas en el error de creer que son imprescindibles unas competencias tecnológicas muy avanzadas para trabajar en social media, porque las nuevas tecnologías suelen ser bastante intuitivas o *user-friendly,* de manera que con un poco de dedicación y curiosidad puedes entender cómo funciona cualquier plataforma. Y en lugar de estar pensando en *webs, apps, widgets* y *plugins,* deberías enfocarte en escuchar lo que tu público objetivo dice, observar lo que espera y lo que opina, e intentar participar en esa conversación.

Enfócate en la conversación: ¡Sé parte de la conversación! Ofrece soluciones, provee de recursos interesantes a tus seguidores, aporta contenido de valor, da respuestas coherentes: desarrolla estrategias para iniciar ese diálogo que te llevará al final del embudo. Dondequiera que mires habrá marcas compartiendo contenidos, resolviendo dudas y ofreciendo sus productos a través de sus redes sociales a la espera de conectar con sus clientes y prospectos, así que no te quedes atrás: el social media debe estar donde la gente quiere estar, no al revés.

Es necesario que tengas en cuenta que, en este ámbito, las herramientas están en constante cambio, pero la necesidad de hacer llegar tu mensaje, no. Piensa en tu primer contacto en la primera red social que tuviste a tu alcance…. ¿Fue en Facebook? Seguramente sí. Lo importante aquí es ver cómo y cuánto ha cambiado esa red social desde el día en que la usaste por primera vez., esa es la clave, adaptación, : debes adaptarte a las redes sociales tan rápido como las redes sociales se adaptan a la sociedad en su conjunto.

Por cierto, Mark Zuckerberg no inventó las redes sociales. De hecho, ya existían otras antes de que Zuckerberg creara Facebook, como los foros, Myspace, Neurona o Hi5.

Desde los foros, conocidos como los más tempranos grupos de conversación, hasta las formas más evolucionadas de chats en la década de 1980, el social media y las redes sociales han conectado en línea a individuos durante décadas. Pero no podemos decir que el 2.0 comenzó a estar presente de forma activa en el día a día de los usuarios hasta que fue de verdad fácil estar *online,* gracias a estas primeras herramientas intuitivas y fáciles de usar.

Sin embargo, este cambio no ocurrió porque la gente estuviese buscando anuncios de publicidad ni porque los profesionales de social media estuvieran presentes. Por supuesto que había anuncios, pero la razón principal por la que las personas se acercaron a las redes sociales fue conectar y mantener conversaciones con personas afines.

En el momento en que algunos responsables de marketing se dieron cuenta de que sus audiencias de televisión, radio y prensa migraban a un formato novedoso, decidieron explorar las plataformas sociales para ver si ellos también podían ser parte de la fiesta *online*. Algunos fallaron y otros tuvieron éxito, pero quienes lo intentaron aprendieron.

Aprendieron que a la gente no le gusta que le lancen anuncios en la cara. Aprendieron que a los consumidores les gusta tener noticias de las marcas de vez en cuando, sí, pero de una forma distinta a la tradicional. ¿Se te ha ocurrido que entrar en una plataforma social y comenzar a repartir un mensaje de forma indiscriminada es equivalente a entrar en un restaurante y ponerte a gritar con un megáfono en la puerta sobre las virtudes de tu producto? Serías expulsado de inmediato.

Lo que en realidad asimilaron fue que si entras en una comunidad en red y construyes una relación con los miembros de la misma, posiblemente te ganarás el derecho a discutir sobre productos, servicios y negocios con los miembros de la comunidad. Mejor aún, ellos comprenderán que tú eres con quien deben hablar cuando necesiten determinados productos o servicios.

Entrar en una comunidad *online* no quiere decir que no debas hacer llegar tus mensajes o tener objetivos y metas concretos; significa que debes ajustar tus expectativas de tiempo, volumen y actividad de una manera distinta. Debes observar al público guardando cierta distancia, escuchar sus conversaciones y, de forma gradual, demostrar que no vas a violar su privacidad ni aprovecharte de él. Tienes que ser parte de su día a día, estar ahí en cada momento. Cuando llevas tiempo suficiente construyendo esas relaciones, comprendes lo que el grupo en cuestión tolera o no.

Y esto no se aplica solo a Instagram, Twitter, Snapchat o Facebook, ni sobre blogs o grupos de LinkedIn. Es una estrategia de comunicación y una filosofía en sí. Así que la aproximación es la misma siempre, sin que importe cuál sea la nueva red o plataforma social que aparezca.

4. Las antiguas reglas del marketing no funcionan en el mundo *online*

Según el profesional de marketing digital Armando Liussi (@mandomando), «el marketing digital es la gestión corporativa del comportamiento de un momento específico de los usuarios, así como la experiencia de ciertas comunidades con respecto a los atributos percibidos sobre una marca».

¿Te resulta un poco complejo para aplicarlo a tu empresa? Espera, vamos a profundizar.

La cultura profesional de los medios sociales nos aleja de lo llano, de los eslóganes baratos, de la híper-simplificación, porque está mutando. Una vez más, el conocimiento social vuelve a estar influido por la tecnología.

El exceso de optimización digital que se penaliza hoy en Google también nos llega al lenguaje como un error a evitar: la palabra marketing debe ser redefinida, pero no solo en cuanto a marketing tradicional y general, sino a lo que entendemos desde hace una década por marketing digital.

La palabra «marketing» proviene de mercado, en principio refiriéndose a territorios físicos y, con posterioridad, a terrenos mentales y culturales. Es una palabra que sugiere la unión de personas de segmentos distintos en un espacio común.

Por otro lado, el *branding* (entendido como gestión de marca) surge de *brand* (que en su origen era la forma de reconocer y estigmatizar las marcas de criminales y asimismo de cómo señalarlas, costumbre que luego fue llevada a la práctica en esclavos, de ahí a la marca de ganado y, por último, al modo de admitir propiedad y creación por el comercio artesano). Así que es un término más honesto: habla de lo que producimos, de sus características a evidenciar y a transmitir.

Nuestra propuesta es denominar a la gestión de las redes sociales por parte de una empresa como «social media marketing», pues en cierta forma agrupa las propiedades y bazas del marketing, del *branding* y de las propias redes, haciéndolo más transversal como concepto para que nunca llegues a la idea, algo extrema, de que todo es marketing.

Este concepto es mucho mejor aplicable a la gestión de una marca en redes sociales, pues nos acerca a la gestión de la reputación al estudiar, analizar y trabajar sobre las percepciones de públicos determinados, apropiadamente denominados «tribus», ya que tienen, ahora sí, lazos culturales que los unen entre sí.

5. En realidad, nadie habla con las marcas

¿Cómo conseguir que tu audiencia preste atención a tu marca en las redes sociales?

La respuesta es tan simple que estarás todo el día de hoy preguntándote cómo no lo habías visto antes. Te lo contaremos en forma de tuit para que puedas tuitearla ahora mismo.

Reflexión en un tuit

«Las personas no quieren hablar con una marca, pero sí quieren hablar con otras personas sobre las marcas», **Pedro Rojas (@seniormanager).**

Y esto pasa porque, como te hemos explicado antes, a las personas en realidad no les interesa una marca o una empresa y no se sienten motivadas a interactuar con ellas. A las personas les interesan otras personas, y es con esas personas con quienes desean interactuar. Esta frase resume el mayor secreto sobre el éxito en la gestión corporativa de redes sociales y también nos da la respuesta al porqué de tantos fracasos.

Lo cierto es que la mayoría de las empresas intentan utilizar las redes sociales de la misma forma en la que usan el resto de canales de marketing y publicidad, es decir, con publicaciones que solo importan a la empresa, con contenido comercial centrado en el producto, como si fuese una valla publicitaria o, peor aún, de forma egocéntrica y totalmente comercial.

Nuestra experiencia nos ha enseñado que elaborar una estrategia de social media que consista únicamente en hablar sobre una marca, una empresa o productos y servicios solo lleva al fracaso.

Las redes sociales no han perdido su esencia y se siguen basando en conectar con la gente. Son los de marketing tradicional y los de publicidad los que no han entendido esto y siguen en su intento de embutir un círculo dentro de un cuadrado.

Así que lo mejor que puedes hacer es aceptar el hecho de que a nadie le importa tu marca, a no ser que les des una buena razón para que le presten atención.

En 2009, durante uno de los primeros experimentos que realizamos con marcas en la red social Facebook, nos dimos cuenta de que las personas (usuarios) hablaban con sus amigos sobre una marca en Facebook, pero no porque les gustase necesariamente la marca como tal, sino porque les gustaba ayudar a sus amigos. ¡Y eso fue revelador para nosotros!

Esto no quiere decir que la marca de una empresa no sea importante. Hacer gestión de marca (*branding*) es en extremo importante para las compañías B2B y B2C (*business to consumer*, es decir, del negocio al consumidor). La diferencia es la importancia que le otorgas tú a tu nombre frente la importancia que le da tu audiencia.

Si crees que por abrir un perfil en Instagram o una *page* en Facebook la gente va a venir para convertirse en tu seguidor porque tu marca es genial, te sentirás muy decepcionado con los resultados. En social media, el mensaje tradicional empresarial no refleja el tipo de relaciones que la audiencia quiere establecer con las marcas sociales.

Existe una gran diferencia en la forma en la que una marca se representa en el mundo real y la manera en que la misma se entiende dentro de las redes sociales. En el mundo 2.0 es importante humanizar y mostrar la personalidad de la marca, porque la gente usa las redes sociales para forjar y alimentar sus relaciones.

Insistimos: al final, la realidad es que a nadie le interesa tu marca; lo que a tu audiencia le interesa es la relación con la empresa. La propuesta de valor es diferente, debes centrarte en lo que va a recibir tu público, aprovechando la oportunidad de hacer más profunda su relación con el equipo que está tras el nombre y, por lo tanto, con la propia organización.

Reflexión en un tuit

«Si le hablo a mis amigos de Facebook sobre tus productos no es porque me gusten tus productos, sino porque me gustan mis amigos», **Ylenia Porras (@yleniapr).**

6. La cruda realidad 1: a nadie le importa tu marca

Antes de continuar, es necesario aclarar que esta afirmación se aplica para todas las marcas y empresas, reconocidas y no reconocidas, famosas y no tanto.

Es fácil comprobarlo. Piensa en la marca que primero te venga a la cabeza o en la marca del último producto que compraste. ¿Te importa de verdad esa marca? Piénsalo con detenimiento. Seguramente has notado que en realidad no te importa. Puede que hayas decidido adquirir sus productos o servicios, pero no lo has hecho porque te importe, sino por una combinación de factores psicológicos centrados en experiencias anteriores y otros elementos que han influido en tu elección.

Si buscas ahora mismo algunas ofertas de empleo publicadas en cualquier medio tradicional, notarás algo muy curioso: prácticamente todas comienzan con la frase «empresa líder del sector...». ¡Haz la prueba! ¿Las has buscado? ¿Ha publicado en alguna ocasión tu empresa, o la empresa para la que trabajas, ofertas de empleo con ese encabezado? Bien, la realidad es que no todas pueden ser líderes del sector, y lo más seguro es que la tuya tampoco lo sea, de modo que es obvio que existe un exceso de ego y la inevitable actitud de cada empresario y emprendedor de creer que su empresa es la mejor.

Este hecho lleva a las personas que poseen empresas, y en muchos casos a quienes las dirigen, a pensar que el resto del mundo también siente lo mismo. Así que sentimos ser los portadores de esta realidad, pero ¡a nadie le importa tu marca ni tu empresa!

No te preocupes; a nosotros mismos nos sucede con nuestra organización. Muchas personas cercanas a The Plan Company, que se relacionan con lo que hacemos y con las que tenemos relación constante, ni siquiera se acuerdan del nombre de nuestra empresa. Nos han llegado a llamar «Plan B», «Plans and

Company» y otros nombres similares, sencillamente porque, en el fondo, no les importa.

Así que debes asumir que si tu empresa tiene perfiles sociales abiertos, tus seguidores no se levantan por las mañanas pensando: «me pregunto qué habrá publicado hoy la empresa (pon aquí el nombre de la tuya)». Al contrario, es casi seguro que los responsables de la marca (y los de marketing) sean los únicos que estén mirando dichos perfiles corporativos a diario.

Este hecho se agudiza aún más si tu marca o tu compañía no son globalmente reconocidas, pero que esto no te quite el sueño, pues la mayoría de las grandes marcas tienen muchos problemas para conseguir atención e interacciones de las personas que les siguen en redes sociales. Solo un puñado pequeño de empresas consigue hacerlo.

7. La cruda realidad 2: has perdido el control sobre tu marca

Una gran cantidad de vendedores intentarán desarrollar una estrategia de visibilidad de marca que les permita controlar el mensaje. Sin embargo, vas a tener que aceptar que has perdido de forma oficial el control sobre el nombre de tu organización. Ahora lo tienen tus clientes, y tus posibles clientes, e informan a la gente sobre lo que creen que haces y si lo haces bien, y los demás están escuchando. El social media les ha proporcionado la plataforma para difundir su mensaje de manera rápida y con un alcance increíble.

La diferencia se encuentra entre obligar a que la audiencia te quiera y que decida quererte. Hacer que decida quererte no es cuestión de querer, sino de conectar con las personas que representan tu público objetivo.

Esa conexión puede cambiar la situación por completo. Hace unos años, la marca de cerveza Mahou lanzó un divertido vídeo en el que se pedía liberar a un pato llamado Willix a través de las visualizaciones del mismo en YouTube. Si no has visto el vídeo, en serio, para y búscalo. Escribe en Google «liberad al pato Willix con X de Mixta», y te saldrá el enlace. Se trata de un excelente ejemplo de cómo conectar con tu público objetivo sin tener que mencionar a la marca ni mostrar el producto hasta el final del vídeo.

Y como también nos gustan los ejemplos norteamericanos, te recomendamos mirar (también en YouTube) el vídeo de Dollar Shave Club, que, con un toque adecuado de picardía, tuvo como resultado 600.000 visitas en dos días y más de 5.000 pedidos (a la fecha de publicación de este libro llevaba millones de visualizaciones). Está en inglés, pero lo entenderás.

Verás en este ejemplo que la marca no establece una posición aburrida, como «te ofrecemos las mejoras afeitadoras desechables». En vez de eso, dijeron exactamente lo que tenían en mente: «¡nuestras cuchillas son ***!» No podemos publicar ese adjetivo, pero seguro que te lo imaginas. Cuando visitas su web, se aprecia una estrategia clara y coherente a la hora de transmitir el mensaje de la marca que fluye por todo lo que hacen. Es atractivo, y los visitantes de la página lo comparten muy a menudo con sus amigos.

Puede que sea difícil asumirlo: los publicistas y directivos de marketing tradicional han hecho crecer sus carreras profesionales alrededor de la noción de que su trabajo es controlar el mensaje y han asustado a los dueños de las empresas con los peligros de dejar que otros decidan cómo transmitir el mensaje de la organización.

Con todo esto de las redes sociales, ahora tienen la sospecha de haber perdido su propósito, de que sus trabajos van a desaparecer en algún descuido. Su peor miedo, perder el control del mensaje, se ha transformado en una realidad y no tienen ni idea de cómo explicárselo a sus jefes (a quienes han convencido además de que esta pérdida de control es el fin del mundo).

Por suerte, no es tan malo como parece. A pesar de que ahora tu audiencia tiene acceso a una plataforma preparada para decir lo que piensa sobre tu marca, todavía puedes hacer algo al respecto. Tu trabajo para controlar la marca ha evolucionado: puedes pasar menos tiempo siendo el policía de la organización y más dedicándote a influenciar la percepción que tienen sobre ti, corregir las ideas equivocadas y arreglar los errores con los clientes que han tenido experiencias negativas. Aunque hayas perdido el control sobre tu nombre, ahora tienes una oportunidad aún mejor para usar tus puntos fuertes en la influencia que ejerces.

Seguro que en este punto te estarás preguntando: bueno, pero ¿dónde encaja esto de las marcas en la monetización de las redes sociales?

No te preocupes. ¿Recuerdas lo que te comentamos sobre el embudo de conversión y la visibilidad en el capítulo anterior?

La visibilidad de marca aparece en las tres primeras fases del nuevo embudo de conversión. Podrías considerarlo el principio del proceso de la generación de *leads*. Si estás ejecutando una campaña de visibilidad de marca o no, la realidad es que este es el primer paso de cualquier venta. Los consumidores descubren que tu empresa existe y después consideran si tu producto o servicio encaja con sus necesidades.

Al crear una estrategia de visibilidad de marca, expandes el embudo de conversión y proporcionas más oportunidades de ventas para tu empresa. A pesar de que estas campañas no están diseñadas específicamente para generar ventas, el efecto general es que se crearán oportunidades que contribuirán a las ventas durante todo el proceso.

Por otro lado, hay dos tipos de visibilidad de marca que se relacionan con las redes sociales de tu empresa: las campañas de visibilidad de marca como tal y la gestión de la reputación. Las primeras ayudan a que el nombre de la marca sea memorable para tu audiencia. Se centran en facilitar que tus clientes recuerden el nombre de tu marca y dónde lo han visto. No es fácil. ¿Cuántas veces has visto un anuncio, has pensado que era muy divertido y luego no podías recordar cuál era la empresa de la que hablaba? Hasta un anuncio pegadizo puede fallar cuando se trata de recordar la marca. Por ello los vendedores prueban con campañas diferentes: las que inspiran una emoción, las que hacen a la gente reír, incluso las que tienen *jingles* molestos que no puedes sacarte de la cabeza.

El otro foco de la visibilidad de marca es la gestión de la reputación. Funciona de tal manera que asegura que tu marca tiene una reputación positiva en el mercado y minimiza la publicidad negativa. Es muy parecido al matrimonio: los gestores de la marca tienen que estar preparados para gestionar la buena cobertura de los medios y, a veces más importante, la mala. Puede ser difícil porque nadie se espera la publicidad negativa y muchos equipos no están preparados para lidiar con ella.

Los mejores equipos tienen planes detallados de gestión de crisis que explican con precisión cómo tiene que responder la organización en esa situación, incluyendo el lenguaje que se debe usar personalizable para cada evento y la persona que se encargará de cada tarea. Es posible que hasta realicen prácticas para asegurarse de que están preparados para controlar una emergencia. Si no has practicado cómo gestionar una crisis publicitaria, no estarás listo para enfrentarte a una de manera elegante.

Reflexión en un tuit

«Un verdadero emprendedor es el responsable del crecimiento de su empresa tanto por el lado financiero como en la capacidad de renovarse y su percepción. La única forma en la que se puede medir la percepción es a través de la reputación de su marca», **Pedro Rojas (@seniormanager).**

8. Cualquiera puede gestionar redes sociales, incluso tu sobrino veinteañero

¿Para qué voy a contratar a un *community manager* que gestione mis redes sociales si eso lo puede hacer mi sobrino?

A lo largo de nuestra trayectoria nos hemos topado con distintas versiones de ese comentario proveniente de las empresas que nos piden ayuda como agencia.

De hecho, nos hemos encontrado con ese comentario en más ocasiones de las que habríamos esperado, y es que existe una peculiaridad común en muchas de las empresas y particulares que buscan servicios de gestión de redes sociales por primera vez, la mayoría, cargados conceptos preconcebidos y bastante desencaminados por cierto, de lo que significa gestionar el social media marketing de una marca.

Es bastante triste saber que muchos profesionales, incluidos muchos del ámbito de marketing tradicional, a estas alturas aún perciben de forma errónea el social media como algo relacionado con programadores informáticos, con aficionados a las redes sociales, seguidores de nuevas tecnologías y, sobre todo, únicamente con nativos digitales.

Pero el social media va más allá de todo eso. Para empezar es más «social» que «media». Estos profesionales no entienden que un buen desempeño depende tanto de los conocimientos en nuevas tecnologías como de las habilidades para la comunicación, las relaciones públicas y el *networking* (red de contactos).

Entonces, ¿de dónde viene la creencia de que cualquiera puede gestionar las redes sociales?

Hasta hace algunos años lo habitual era la especialización constante en áreas concretas para conseguir un desarrollo profesional adecuado al ámbito laboral. En la actualidad vivimos una época de cambios en la que las competencias y habilidades requeridas y esperadas en cada profesión son bastante difusas y cada vez menos definidas. Existe una tendencia al puesto de trabajo multidisciplinar en el que se abarquen conocimientos y habilidades que, hasta ahora, no tenían relación con la formación original o el perfil profesional.

Dada la complejidad del mercado laboral actual dentro de un escenario cada vez más competitivo, que resta poder al trabajador y permite en muchos casos exigencias abusivas por parte de los empleadores, existe la propensión por parte de muchos profesionales de complementar su currículum asumiendo competencias que, en la mayoría de los casos, no han adquirido y conocen de forma superficial.

El resultado es que muchas personas han decidido incluir en su currículum el comodín de *community manager* sin contar con una formación adecuada, experiencia real o siquiera una idea acertada sobre lo que es, de verdad, trabajar como *community manager,* lo que fomenta el intrusismo profesional, que en este caso se puede considerar especialmente grave, debido a que las decisiones que se toman desde el enfoque social media afectan de manera profunda a la reputación de la marca. Por eso es tristemente conocido que se trata de una de las profesiones más difamadas e infravaloradas que existen en la actualidad.

La gente se autodenomina *community manager* de su propio blog, del blog de su primo y de la página de Facebook de su cuñada. El intrusismo es uno de los grandes problemas de esta profesión porque muchas personas creen que por manejar tres redes sociales y publicar un par de *posts* ya saben todo lo que necesitan saber, y no es así en lo absoluto. Pensar eso conduce a la banalización de una profesión que requiere conocimientos, formación, práctica y una actualización continua.

El intrusismo es un mal que aqueja a muchas profesiones, que están en continua denuncia del intrusismo del que son víctimas, aunque irónicamente ellos también ejercen de *community manager* sin necesariamente serlo.

La profesión de *community manager,* que, como ya hemos comentado, es relativamente nueva, se ha ido desarrollando con un éxito considerable, lo cual ha dado como resultado una demanda en constante crecimiento de estos especialistas, que, por supuesto, ha generado una gran cantidad de ofertas de formación en esta novedosa profesión.

Dentro del amplio abanico de opciones de formación, han proliferado unos cuantos cursos rápidos que ofrecen convertirte en un *community manager* profesional de forma casi instantánea, a un precio irrisorio... ¡y con certificado incluido! En este sentido, el declive ha ido en aumento hasta el punto de que parece que casi todos los usuarios de redes sociales son *community managers.*

No hace tanto tuvimos una experiencia relacionada con esto: una marca que, en su intento de ahorrarse algo de dinero, decidió contratar al sobrino de uno de los directivos porque era un «as de las redes sociales» y «muy entendido en temas informáticos». De manera que el sobrino en cuestión fue quien se encargó de crear la página web y también de gestionar las plataformas sociales de dicha marca.

¿Resultado? Previsible: el sobrino-mánager creó una web aceptable para un bloguero de 20 años, pero no para una empresa seria. Las redes sociales de la marca languidecían con alguna foto esporádica, con un título poco imaginativo y enlaces que solo dirigían, si es que alguien los seguía, a la web corporativa creada por el bienintencionado chico.

El punto es que si una marca quiere obtener resultados debe prescindir del amigo que sabe de webs, del sobrino experto en redes sociales y del hijo del vecino que hace todo por un precio tirado, y decidirse a contratar a quien sabe lo que hace y, sobre todo, por qué lo hace.

Aunque dentro de este escenario no es extraño encontrarse con una serie de vendehúmos que prometen maravillas que luego son incapaces de cumplir, salarios ridículos o el hábito de rebajar los precios para retener clientes, nosotros opinamos que estas tendencias van a cambiar hasta ajustarse.

Porque los clientes siempre acaban por darse cuenta de que su sobrino-mánager sabe gestionar sus propias redes sociales, pero no entiende cómo utilizarlas para atraer clientes hacia un producto, ni sabe cómo conseguir un beneficio económico real a través del social media. Y, por lo tanto, ese cliente sin lugar a dudas será consciente de que su marca no puede depender de alguien aficionado a las redes sociales y buscará a un verdadero profesional en social media.

En realidad, cualquiera que tenga sentido común y habilidades comunicativas puede llegar a ser *community manager* si aúna esto al conocimiento profundo de las herramientas necesarias para desempeñar sus tareas, a la actualización continua de esos conocimientos y a la práctica constante, imprescindible en cualquier profesión u oficio.

Pero ser un usuario avanzado de redes sociales y blogs no convierte a nadie de forma automática en un *community manager,* porque tener experiencia personal no implica que una persona sea capaz de tomar decisiones sensibles para una marca ni que sepa cómo manejar de forma adecuada una crisis de social media, mucho menos hará que comprenda la responsabilidad de mantener la imagen corporativa de la empresa que represente, en función de todos los datos recabados, análisis y mediciones, coordinado, a la vez, con todos los departamentos involucrados.

Muchos de los actuales *community managers* empezaron sus andanzas en blogs y redes sociales entre 2006 y 2008, apasionados por las redes sociales y sus tendencias. Estos *early adopters* (primeros usuarios) fueron definiendo sus perfiles con precisión hasta llegar a convertirse en verdaderos estrategas del social media. Y lo que comenzó siendo un *hobby* se transformó en una profesión.

La experiencia es imprescindible, pero necesariamente debe ir de la mano del aprendizaje, de la formación focalizada y de cierto instinto que, en parte, se adquiere con el tiempo.

9. La competencia te ha tomado la delantera

Mira a tu alrededor. ¿Ves a tu competidor acercarse hasta tu mostrador? ¿Ves a personas conversando sobre tus productos o servicios en el restaurante de la esquina? ¿Ves a una persona caminando hacia la puerta de tu tienda para luego ser interceptada por alguien de tu competencia?

Si tu marca no usa social media con fines comerciales, entonces no puedes ver nada de eso, aunque está sucediendo cada día, incluso ahora mismo.

Puede que tú no estés escribiendo en un blog, manteniendo una conversación con tus fans en Facebook o pidiendo sugerencias de nuevas ideas para algún producto en diversos foros, pero es muy probable que tu competidor sí lo esté haciendo.

Usando herramientas de monitorización de plataformas sociales o incluso un conocido motor de búsqueda como Google que rastrea webs y reporta sobre lo que encuentra basándose en las palabras clave establecidas, puedes ver lo que tus competidores están observando en tus clientes potenciales.

La conversación gira alrededor de un producto que tú vendes, están listos para comprarlo y preguntan si alguien sabe dónde conseguir uno. Tus competidores observan a tus clientes quejarse de lo mal que fueron tratados por uno de tus comerciales. Y ¿cuál crees que será el siguiente paso de tu competencia?

Están diciendo a tus posibles clientes: «quizá te podamos mostrar lo que puedes conseguir de nosotros. Nosotros estamos conversando contigo *online*. Somos parte del mundo, y te comprendemos». Y así te están quitando los clientes en tu cara. Todo eso está sucediendo ahora mismo en las redes sociales. ¡Y ni siquiera los viste acercarse!

También lamentamos informarte de que tu audiencia no confía en ti tal y como piensas. Así que el problema no es solo que tu competencia está usando las redes sociales para enamorar a tus clientes. Es que tus clientes también están hablando a la gente sobre productos y servicios en lugar de hablar contigo. Tú tienes un motivo, pero los contactos que ellos hacen a través de las redes sociales no.

Es muy fácil creer que tus clientes deberían confiar en ti, sobre todo si eres realmente bueno en lo que haces. El problema es que no lo hacen. Ellos no se fían de ti porque tú haces dinero cuando lo hacen.

Ponte en el papel del cliente por un momento e imagina que vas a comprar un coche. Caminas hacia el concesionario, el vendedor se acerca a ti y tú te vuelves desconfiado. ¡Y deberías! Los vendedores llevan años mostrándonos que harán lo que sea por vender. Están ahí para eso, no por nosotros.

En diversos estudios realizados sobre la confianza en las marcas, se desveló que solo un 5% de los encuestados afirmaba confiar en una marca, mientras que un 9% pensaba que dichas marcas se preocupaban de verdad por sus clientes. El 58% de los entrevistados señaló que a las empresas solo les interesaba venderles sus productos o servicios, aunque no fuesen los que ellos necesitaban en realidad. Por otro lado, un 84% de estos encuestados aseguró que hacían búsquedas en internet para hacer comparativas de productos y buscar opiniones o reseñas de personas similares a ellos antes de adquirir algún producto o servicio.

Por descontado, no hace falta mostrar más datos de encuestas para dejar sentado con claridad que lo que mejor funciona en la actualidad es el boca a boca, y en la actualidad las redes sociales son el canal del boca a boca.

Siguiendo este recorrido, debes saber que tus clientes y tu público objetivo son personas inteligentes y es casi seguro que no solo conocen a tu competencia, sino que la conocen mejor que tú.

Según estudios que hemos elaborado sobre hábitos de consumo en nuestros clientes, al menos el 80% de los compradores llevan a cabo una investigación sobre el producto que les interesa antes de realizar la compra, y hacen comparaciones. Esto es algo que tú, como marca, debes entender, asimilar y gestionar de manera adecuada.

De modo que si las personas son plenamente conscientes de lo que hay en el mercado, precios, competidores, beneficios y características, ¿qué puedes hacer para destacar tu producto o servicio?

¿Has visto esas tablas comparativas, con gráficos, donde se demuestra que una empresa es asombrosamente mejor que sus competidores? Eso es una matriz competitiva, y es una mala idea enseñarla a los clientes. Una tabla comparativa de este tipo les dice a tus clientes potenciales que tu marca es la mejor y que ya se pueden olvidar del resto.

El problema con esto es que no funciona. Según estudios sobre el impacto de este tipo de publicidad, cuando se le pide a un cliente que haga una comparativa de productos a través de una matriz competitiva, en realidad no lo hace, porque la publicidad explícita provoca en las personas la sensación de estar siendo engañadas de alguna manera.

Por si no lo sabías, tus clientes ya saben de la existencia de tu competencia, y harán comparaciones por su propia cuenta.

Incluso mencionar a la competencia puede ser una mala idea, porque se introduce una variable inesperada en el pensamiento del cliente, quien podría no conocer previamente a esos competidores e inevitablemente se preguntará: «¿serán mejores? Quizá debería probar con ellos».

Referirse a la competencia provoca una fricción cognitiva, de manera que la introducción de cualquier variable, como la calidad de una web o las tendencias de comportamiento de usuarios, afecta a la progresión del ciclo de ventas de una marca. La mejor manera de evitar este tipo de fricción es eludir la mención de tus competidores.

Hay algo peor que mencionar a tu competencia: hablar mal de ellos. Puede que te parezca que no estás hablando mal de ellos, sino que estás señalando sus debilidades y ayudando al cliente a no cometer un grave error, pero en el fondo estás hundiéndote al demostrar tu frustración y negatividad hacia tus competidores. Los clientes se darán cuenta y no les gustará. Las personas son cortejadas con positividad, no a través de ataques velados.

Una buena idea es hacer hincapié en lo que te diferencia del resto, porque si no puedes mencionar a la competencia, ni hacer comparativas o descalificarlos, ¿cómo debes hacer frente a tus competidores? Una estrategia adecuada es centrarte en tu servicio o producto, en lo que tienes tú, y no en lo que tienen o no tienen los demás. ¿Cuál es el valor único de tu producto? ¿En qué destacan tus servicios? ¿Cuáles son los atributos de tu marca que la separan de sus competidores?

No hables de tu competencia. En lugar de eso, habla sobre los problemas que resuelve tu servicio, los beneficios que aporta tu producto y destaca la propuesta única de venta.

Con independencia del ámbito de tu negocio, los clientes valoran un servicio al cliente excelente. Si puedes ofrecerlo, los clientes se quedarán contigo. Alrededor del 85% de las personas están dispuestas a pagar más por un mejor servicio al cliente. Eso es un montón de gente dispuesta a dar más dinero por un mejor trato. Y la mayoría de las empresas no ofrecen un buen servicio al cliente. Ahí hay una oportunidad, el factor decisivo.

Por último, del mismo modo que tus clientes saben de tu marca y de tus competidores, tú debes conocer bien a tus clientes: ¿qué quieren?, ¿qué les motiva?, ¿qué esperan? Cuanto más sepas sobre tus clientes y público objetivo, más ventajas tendrás y podrás desarrollar mejores estrategias.

Las personas simplemente intentan hacer las mejores elecciones en un mercado saturado. Lo que necesitan son soluciones, respuestas y claridad. Se merecen más crédito del que se les suele dar.

QUÉ DEBES TENER EN CUENTA Y QUÉ DEBES EVITAR SI ESTÁS EMPEZANDO

3

1. ¿Qué estás haciendo mal?

Antes de nada, seguro que tu empresa ya tiene redes sociales y tú no tienes ningún plan ni estrategia, ¿verdad? Es decir, has empezado la casa por el tejado. Sentimos decirte que ese tipo de estructura siempre termina cayéndose.

Seguramente también estás midiendo tus resultados teniendo en cuenta objetivos como los «me gusta», seguidores, corazoncitos u otros elementos que provienen de la vanidad, cuando deberías estar midiendo aspectos como el número de contactos generados, lugar de posicionamiento en Google, menciones en diferentes entornos y tráfico hacia un sitio determinado, entre otros.

Otra cosa que estás haciendo mal es dejar en manos de *amateurs* lo que deberías dejar en manos de profesionales, tal y como ya comentamos en el capítulo anterior.

A ver qué más estás haciendo mal... ¡Ah, sí! Estás publicando los contenidos que a ti te gustan, noticias que solo le interesan a los dueños de la empresa y otras publicaciones que no aportan nada a los clientes potenciales de la marca, cuando deberías estar publicando única y exclusivamente contenido de valor, o sea, contenidos que sean de utilidad y de verdadero interés para las personas que podrían elegir o consumir tus productos o servicios.

También has elegido mal las redes sociales al escoger solo las que te suenan, las que tienen tus familiares, las que tiene tu competencia, las que te son más fáciles de usar. Pero no te has interesado en averiguar qué redes sociales son las que utilizan tus clientes potenciales, en las que más presencia tienen y en las que quieren estar.

Otra cosa que estás haciendo mal es que no estás determinando objetivos de negocio que impacten en tus estados financieros. En su lugar, te estás preocupando de objetivos acumulativos y cuantitativos que no llevan a nada. Deberías darle un aporte cualitativo a todos tus objetivos.

Otra cosa que no has hecho bien es pensar que las redes sociales se centran solo en aspectos relacionados con las redes sociales, cuando el epicentro de todo es Google. Las redes sociales son simples canales, medios, no son un fin. El fin está donde tienes tus productos y servicios y en los motores de búsqueda. La red es solo la palanca; la máquina que lleva a los clientes a tu web son las redes sociales, y a Google le gustan las redes sociales.

Y aunque ya se sabe que Instagram posee su propio sistema de *e-commerce* para que los clientes no tengan que salir de la aplicación para comprar, aún pasarán unos cuantos años antes de que las tiendas dejen de tener webs y tiendas *online* y solo tengan redes sociales.

2. La importancia de las directrices, normas y protocolos

Uno de los principales inconvenientes que hemos encontrado en la mayoría de los clientes que hemos atendido a través de The Plan Company es la falta de continuidad en las acciones debido a una carencia de protocolos, normas y directrices.

Los protocolos son la herramienta indispensable que permite a las empresas darle continuidad de manera coherente a todo lo que debe hacerse en una estrategia 2.0. Imagina que en tu empresa trabaja un *community manager* desde hace dos años y mañana decide irse a otra empresa. Entonces llega un nuevo empleado a cubrir ese puesto. ¿Y tú qué haces? ¿Le enseñas todo de nuevo? ¿Te sientas con él durante un mes para explicarle todo lo que tiene que hacer? ¡Qué gran pérdida de tiempo! Este supuesto no sería necesario si se mantuviesen unos protocolos, normas y directrices de actuación, cuyo establecimiento y formalización ayudarían a cualquier persona, dentro o fuera de la empresa, a darle continuidad a todo lo hecho y por hacer en redes sociales.

Por lo general, y según las experiencias que hemos obtenido con nuestros clientes, en toda empresa deberían establecerse tres protocolos fundamentales de actuación en redes sociales:

1. Protocolo de comunicación.

2. Protocolo de gestión.

3. Protocolo de crisis.

El primero recoge la línea editorial de las publicaciones de la empresa, es decir, el qué de lo que se quiere decir y comunicar a los potenciales clientes en una red social particular.

El segundo establece el cómo, quién, dónde, cuándo y por qué, dándole al *community manager* (o como sea que quieran llamarle en esa empresa) la pauta definitiva y única que debe seguir para todas las publicaciones con un lujo de detalles tan preciso que si cambiasen a este profesional de la noche a la mañana la empresa no se vería afectada.

El tercer protocolo establece los lineamientos de actuación en caso de recibir comentarios negativos, así como todo lo concerniente a las decisiones que se tomen en relación con una posible crisis de social media, incluyendo un diagrama de flujo en el que queden reflejados de manera clara los pasos a seguir.

3. No son ellos, eres tú: descubre a tu verdadero enemigo

El consumidor vive en la era moderna y tu empresa aún en el jurásico.

La obsoleta metodología del marketing tradicional todavía es utilizada de manera fiel por muchas marcas y empresas que aún se apoyan en tácticas desfasadas y que, en muchos casos, no encajan con la corriente de consumo actual, con lo que seguimos viendo a empresas enfocando sus estrategias en anuncios de televisión y radio, impresos y en ferias y exposiciones.

Cuando a estas empresas les recomendamos el uso del social media como un canal más de adquisición de clientes, les parece poco serio y, como resultado de esto, usan solo «un poco de social media», quizá abriendo una *page* en Facebook o una cuenta de Instagram o Twitter, donde publican de forma automatizada fotos, textos, así como publicaciones y promociones de sus blogs. Además, le dan tan poca importancia que lo dejan a cargo de algún empleado con poca experiencia.

Y así, mientras el dueño de la empresa se siente satisfecho porque ya usan «un poco de redes sociales», el responsable a cargo de estos canales no es siquiera un empleado a jornada completa ni está bien formado en comunicación corporativa.

¿Por qué ocurre esto? La típica respuesta suele ser que saben que «sus clientes no están usando redes sociales, porque ellos no las usan». Pero sí lo hacen. Tus clientes y tu público objetivo están usando las redes sociales, y no se molestarán en hacerte saber que quieren que tú también uses las redes sociales para comunicarte con ellos; simplemente se irán con tus competidores que sí están en la red.

Si una empresa no utiliza plataformas de redes sociales, ¿cómo va a saber si sus clientes o su competencia están usándolas? Y si de verdad no crees que las usan, intenta localizar a algunos de tus clientes en Facebook, Twitter, Instagram, Snapchat, YouTube o LinkedIn: verás que están allí. ¡Créenos! La mayor parte de tus clientes tiene presencia en las redes sociales.

Según el último estudio sobre el estado de internet y las redes sociales (2019), llevado a cabo por We Are Social, el 91% de los habitantes de España cuenta con acceso a internet.

El estudio refleja una caída del 15% en el uso de un ordenador de sobremesa o portátil para navegar por internet y un incremento en el uso de los teléfonos móviles para navegar (+87%).

En cuanto a las redes sociales más utilizadas, en España los datos señalan que de los 47 millones de habitantes, 39 son usuarios de internet (82%) y unos 30 millones cuentan con perfiles en las principales redes sociales, con WhatsApp a la cabeza seguida muy de cerca por Facebook, Instagram, Twitter, YouTube, LinkedIn, Skype, Pinterest y TikTok.

Piensa por un momento en todos esos datos: si el 82% de la población española tiene acceso a internet y el 63% usa redes sociales, quiere decir que más de la mitad del país está usando social media. Y eso supone más de la mitad de tus clientes, más de la mitad de tus prospectos, más de la mitad de tus vendedores, más de la mitad de tus competidores... Esto quiere decir que si el social media está tan extendido que la mitad de tus rivales están usándolo, ellos están llegando a la mitad de tus clientes potenciales a través de un canal que tú ni siquiera has considerado utilizar.

Lo aceptes o no, tus clientes están presentes en las distintas plataformas sociales, hablando de tus productos y servicios, de lo que ofreces y lo que no, de tu marca, así como también de los de tu competencia. Comparan, opinan, conversan... Y tú no puedes evitarlo, esa es la cruda realidad. Pero hay una buena noticia: tú puedes ser parte de esa conversación.

Reflexión en un tuit

«Las personas siempre han estado hablando sobre las marcas. Lo que no había ocurrido hasta hace poco es que las empresas escucharan lo que dicen las personas», **José Manuel Rodríguez (@josemanuelr).**

4. No es tan complicado

Trabajar con redes sociales no es difícil. Puede que sea complejo, sí, ¡pero no es cirugía molecular! Si eres hábil para hablar con la gente, entonces puedes gestionarlas, y si te formas y adquieres conocimiento, aprenderás a gestionar técnicas de social media marketing.

Cualquier persona que haya dirigido un negocio o se haya dedicado a gestionar la comunicación alrededor de un producto o servicio entiende qué significa la planificación estratégica –establecimiento de metas y objetivos, la definición de estrategias y tácticas, la medición de resultados– y sabe que, aunque es compleja, no es imposible (si no entiendes de comunicación corporativa, marketing o planificación estratégica, lo mejor que puedes hacer es contratar a alguien que lo haga).

El social media marketing no consiste en aprender a usar una nueva herramienta y conocer un poco de SEO o ser capaz de distribuir contenidos en blogs y la búsqueda de fuentes de Twitter con mensajes de Facebook. El social media marketing va de comunicación con la gente. Y de saber de verdad qué te ayudará a empezar con el pie derecho.

De cualquier manera, el pie derecho para un empresario es contrario a la intuición, porque su primera inclinación es vender primero. Los cerebros de los empresarios han sido condicionados, a lo largo de los años, gracias a la comercialización tradicional y los cursos de ventas, en los que se enseña esto de manera explícita.

Pero debido a que las redes sociales se basan en la construcción de relaciones, el social media marketing lo es también. No es algo que se puede activar poniendo a cargo a un interno y después de eso esperar que funcione. Al igual que una buena campaña de publicidad, anuncio de televisión o incluso una exitosa campaña de marketing directo, el social media marketing necesita un tiempo para desarrollarse. Tenlo en cuenta si vas a solicitar financiación o pedir el apoyo de un inversor.

5. Preguntas que debes hacerte antes de empezar

1. ¿Por qué usar redes sociales?

Si la respuesta es «porque todos los demás lo están haciendo», no estás listo. Recuerda lo que el social media puede hacer por tu negocio y vete a preparar un plan antes de nada. Si saltas sin una buena razón, no serás capaz de medir o justificar tu tiempo. Sin metas ni objetivos no es posible medir lo que has conseguido.

2. ¿Aceptarías acatar las prácticas aceptadas?

¿Te sentirías bien manteniendo conversaciones que, en principio, no parezcan que tienen una relación directa causa-efecto con vender? ¿Te sentirías satisfecho relacionándote con unos pocos cientos, o miles, de los clientes adecuados antes que hacerlo con unos pocos cientos, o miles, de aquellos que pueden ser o no los adecuados?

¿Podrías olvidar por un momento tu condición de vendedor para construir relaciones duraderas en el tiempo? ¿Puedes participar de forma regular en redes sociales (aunque sea en aquellas que más te interesan)? ¿Estás dispuesto a invertir tiempo y atención en todo esto?

¿Puedes ser coherente? Eso significa que el discurso de tu marca debe ser congruente, seguir un hilo conductor y mantenerse fiel a este. Coherencia también es dejar que los demás se quejen de tu marca. Resuelve el problema para ellos, diles de forma pública que lo hiciste (y hazlo en el mismo sitio donde recibiste la queja; así todo el mundo puede ver que eres atento y receptivo), y no tomes represalias o intentes bajarles los humos por su comentario. Eso lo único que conseguirá es que quedes como un idiota o un bravucón (o ambos), y entonces tendrías dos problemas con los que lidiar: la queja de tu cliente y la percepción pública de que eres un idiota y/o un bravucón.

3. ¿Quién será responsable de la gestión de las redes sociales de tu empresa?

Alguien tiene que hacerse cargo de esto, y no puede ser un comité. Necesitas a alguien que se encargue de gestionar todas las tareas asociadas al social media. Sin importar quién sea, necesitas saber quién se encargará de construir tus redes sociales, quién hablará en tu nombre, quién diseñará el calendario editorial... También debes saber lo siguiente:

- ¿Quién responderá a las quejas de los clientes, a sus cumplidos y preguntas? Necesitas al menos una persona en la que puedas confiar para hablar por la marca. Y no puede tratarse de una cualquiera. Debe ser alguien con experiencia y con madurez para gestionar clientes enfadados, mantener conversaciones amistosas y crear mensajes persuasivos.

- ¿Con qué frecuencia participarás? De manera ideal, alguien estará monitorizando tus redes sociales varias veces al día. Tus clientes están conectados en distintos momentos del día, así que alguien debería gestionar la comunicación con los clientes de forma continua.

- ¿Hay temas restringidos? Deberías desarrollar una política de social media que ponga en orden todas las normas sobre contenido. Una política de social media es la que decide sobre qué puedes y sobre qué no puedes hablar, dónde puedes participar y dónde no. Es aquí donde los departamentos legales y de calidad obtienen mucha información para futuras experiencias.

¿Cómo vas a lanzar y a promocionar tu presencia en las redes sociales?

¿Usarás canales de marketing tradicionales? ¿Pondrás la información en tu página web, enviarás un *e-mail* con la novedad o simplemente dejarás que la gente vaya cayendo por ahí? Responderás a todo esto como parte de la estrategia que desarrollarás con el tiempo en lugar de hacerlo bien desde el principio.

Lanzar las redes sociales de la empresa no es tarea de una sola vez. Será importante que permitas que tus clientes se enteren de tu presencia en las mismas de forma continuada.

¿Cómo definirás y medirás tu éxito?

Lo creas o no, es aquí donde muchas empresas se caen porque toman la decisión «vamos a usar redes sociales» y unos pocos meses después las abandonan porque no ven ningún resultado. El problema es que nunca establecieron una meta coherente, de manera que no pueden saber si sus esfuerzos valen la pena.

Necesitas definir tus objetivos y a partir de ahí establecer con claridad qué se puede considerar exitoso y qué no. Por ejemplo, una campaña exitosa será aquella cuyos resultados sean un incremento del 70% del tráfico web; 10.000 nuevos suscriptores al *newsletter* (boletín de noticias) y un 30% de incremento en las ventas *online,* por decir algo. Y si no logras encontrar esos parámetros, tienes que buscar la manera de entender por qué y arreglarlo.

6. Cómo elegir al mejor equipo de social media marketing

Hay una larga lista de roles sociales disponibles. Para obtener una visión de esta extensa lista basta con que realices una búsqueda rápida en LinkedIn de «social media» bajo la etiqueta «trabajos» y verás lo que sale: líderes, analistas, estrategas, diseñadores, ejecutivos, *community managers,* sus asistentes, planificadores, coordinadores, etc.

Con todas estas funciones disponibles no es de extrañar que muchos dueños de empresas (especialmente emprendedores) se pregunten: ¿cómo debo estructurar mi equipo de redes sociales? ¿Por dónde debería empezar?

Antes de seguir adelante y enviar ofertas laborales para conseguir tu equipo de social media soñado, hay tres preguntas esenciales que debes responder:

1. ¿Cuál es tu papel en el equipo de social media?

2. ¿Cuál es tu estrategia para el equipo de social media?

3. ¿Dónde se sentará tu equipo de social media?

Sin contestar a estas preguntas básicas no serás capaz de justificar de verdad por qué deberías tener un equipo de social media, y tampoco serás capaz de asignar y gestionar los recursos para tus redes sociales. Esto incluye empleados, presupuesto y equipamiento para construir tu equipo.

- Preguntas preliminares

Rol de gestor de redes sociales

Lo primero es lo primero. Tienes que definir el propósito, es decir, para qué es necesario un equipo o al menos una persona. Define tu propósito preguntándote en primer lugar por qué debe existir en tu empresa un equipo de social media. Aunque entiendas por qué las redes sociales son importante hoy en día, tienes que escribirlo en un papel para delinear con exactitud qué necesitas de ese equipo.

Si estás en una empresa que apenas está comenzando con sus redes sociales o si estás revisando las necesidades de un equipo de social media ya existente, de forma inevitable te dirigirás a este documento con mucha frecuencia durante el arranque, así que asegúrate de que tienes algo preparado.

Estrategia de redes sociales

Ahora que has definido con claridad por qué tu empresa necesita un equipo de social media, es el momento de ajustar tu estrategia para redes sociales. Esto te ayudará a alinear los esfuerzos del equipo de social media con los objetivos de tu empresa y también a identificar los indicadores de desempeño (KPI) de tu equipo (¿qué métricas indicarán mejor cómo se están desempeñando en tu empresa?).

Cada marca debe tener al menos una estrategia social: una estrategia social global y una estrategia social por equipo. Por ejemplo, tu empresa puede decidir que lo mejor para el negocio es tener un equipo principal de social media que atienda tanto el *branding* como el marketing, mientras que otro equipo de social media se dedique en exclusiva a la atención al cliente.

El lugar de tu equipo de redes sociales en la empresa

Una vez que hayas creado una estrategia de social media, es el momento de decidir en qué parte del organigrama de la empresa se encuadra este equipo. ¿Lo pondrás debajo de ti? ¿Junto al departamento de Marketing o al de Ventas? ¿Qué tal se llevaría con los de Informática? ¿Y con Atención al Cliente? ¿Será mejor dejarlo como un equipo independiente pero conectado a todos los demás equipos en tu empresa?

En la práctica no hay un mal lugar para situar un equipo de social media. Sin embargo, ten en cuenta que si se monta un equipo de social media en un lugar específico, sus KPI se verán fuertemente influenciados por el entorno que le acompañe.

No obstante, ten en cuenta que dependiendo de en qué parte de tu empresa decidas acoplar a quien gestione tus redes sociales, los KPI que determines también se verán afectados por esa decisión; es decir, si por ejemplo el equipo de social media depende del departamento de Marketing, es posible que tenga que rendir cuentas a los KPI de marketing; si, en cambio, decides incorporar el social media desde Atención al cliente, muchos de los KPI estarán relacionados con la satisfacción de los usuarios.

Desafortunadamente, algunos departamentos que tradicionalmente no incorporaban redes sociales (tu equipo comercial, por ejemplo) no estarán necesariamente interesados en variables que no tengan que ver con la parte de los objetivos globales de empresa que les correspondan.

Consejo para empresas:

En algunas empresas que hemos asesorado, hemos visto que lo mejor es no encerrar al equipo de social media dentro de otro departamento. Lo mejor es dejarle respirar y trabajar sin ninguna presión, colocándolo en el organigrama desde una posición transversal, como por ejemplo, sucede con el departamento de Informática, o incluso como si fuese un servicio interno de *outsourcing* (externalización). De esta manera, no está supeditado a ningún departamento en especial, lo cual le otorga la libertad de apoyar a todos los departamentos a la vez, mucho mejor si posee su propio jefe de departamento.

Consejo para emprendedores:

Si se trata de una pyme o de un proyecto emprendedor, tal vez no hace falta tener un departamento de social media, por lo que entonces te aconsejamos dos opciones: contratar una empresa de social media marketing externa, o bien formar a una de las personas del equipo existente para que pueda desempeñar las funciones de social media según la dimensión de la empresa. No siempre recomendamos contratar a una persona externa, no porque no pueda hacerlo, sino porque, además de que no conoce la empresa, la curva de aprendizaje será mucho más pronunciada. En los casos en los que nos hemos involucrado, hemos constatado que es mejor que se trate de alguien que ya conoce la empresa, la marca, los productos y los servicios.

Ahora que ya hemos cubierto estas tres preguntas, podemos enfocarnos en el tema principal de este punto, que es cómo elegir el mejor equipo de social media.

- Estructura de un equipo de social media

Los equipos de social media pueden ser de muchos tipos y estar configurados de distintas maneras. Esto depende principalmente del lugar donde se trabaje y, por desgracia, también depende del presupuesto. A pesar de todo lo anterior, hay cinco funciones primordiales a las que debes prestar mucha atención:

Responsable de marketing visual

Mencionamos este rol en primer lugar, ya que, por desgracia, a menudo se evita. Hemos visto una gran cantidad de equipos de social media que dependen de agencias u otros recursos externos para las necesidades de diseño en lugar de incluir este papel clave en la empresa.

Tener un diseñador *in-house* (en casa) definitivamente no tiene precio: estará a cargo de crear valores visuales, creatividades o aplicaciones sociales para las campañas, mientras se ocupa de las imágenes en los perfiles sociales. También se asegurará de que los activos visuales y conceptos creativos de la marca sean realmente atractivos e interesantes, y de estar al día en las últimas tendencias.

Social media *analyst*

El responsable de analizar estrategias de social media es quien se encargará de examinar el entorno social, elaborar estadísticas, crear/presentar informes y conclusiones sociales, pero, por favor, ¡no los llames gurús! Ellos entienden el impacto del contenido de tu marca y su actividad en las redes sociales en otras iniciativas que estés ejecutando, tales como ventas, SEO, y los tests A/B.

Este analista es quien sondea las diferentes plataformas y herramientas de social media para recolectar información y transformarla en los informes que el social media mánager y el social media *strategist* (estratega) utilizarán para adoptar decisiones en función de los contenidos.

No contrates a un social media *analyst* solo para que redacte informes: contrata este perfil cuando estés preparado para recibir impresiones sobre cómo se está desempeñando tu marca y recibir sugerencias e ideas sobre cómo mejorar a partir de ahí.

Community manager

La gente tiene la idea de que un *community manager* es muchas cosas que en realidad no es; suelen atribuírsele muchas funciones propias de otros roles. El papel principal de un *community manager* es nutrir tu comunidad en línea. ¿Qué quiere decir esto? Pues que debe establecer relaciones duraderas a través de las redes sociales de la marca que representa, unas relaciones que deben estar basadas en la confianza.

El *community manager* implementa estrategias para fomentar conversaciones que consigan crear un compromiso de los seguidores hacia tu marca, haciendo énfasis, según el contexto, en algunas áreas específicas o departamentos.

En resumen, se encarga de gestionar tu presencia en redes sociales, crear contenido atractivo (con la ayuda del responsable de marketing visual que hemos mencionado con anterioridad), compartir contenidos adaptados a la red social en la que se encuentre en lugar de compartir el mismo contenido en todas. Cuando es necesario, y solo si lo es, el *community manager* es quien monitoriza y participa en las conversaciones relevantes.

Social media *customer care* (atención al cliente)

Se trata de un papel que muy a menudo cae bajo la responsabilidad del community *manager,* pero también es bastante común que tenga un papel independiente y exclusivo para la atención al cliente.

Social media mánager

El social media mánager gestiona todas los roles descritos con anterioridad, además de actuar también como estratega interno de social media. Este perfil crea y administra las estrategias social media y asegura el buen funcionamiento de la gestión de las redes sociales de forma externa e interna.

Y hablando sobre social media mánager, algo que nos preguntan de forma constante es cuál es la diferencia entre estos y los *community managers*. Sus roles se pueden solapar en ocasiones, pero ambos son esenciales por separado. En resumidas cuentas, el *community manager* atiende y nutre a las comunidades *online*, mientras que el social media mánager hace seguimiento a las acciones del anterior, mientras verifica que se cumpla la estrategia pautada; en algunos casos también gestiona las relaciones con las redes sociales de forma externa e interna.

- La importancia de ser un profesional multidisciplinario

¿Y qué tal si combinamos roles en una misma persona? Tiene sentido la mayoría de las veces. Es genial, y eficiente, para una persona que es *community manager* saber cómo diseñar activos visuales y creatividades. Y, por supuesto, un *social media analyst* puede encajar como *social media strategist* utilizando sus análisis para trazar novedosas estrategias e incluso pensar en nuevas formas de usar las redes sociales.

Dicho lo anterior, asegúrate de no agrupar demasiadas funciones y responsabilidades en una misma persona. Obviamente, para las personas responsables de los roles que mencionamos antes es sumamente útil saber un poco de todo de forma que no sean dependientes por completo de otros.

Por ejemplo, es útil para el *community manager* tener algo de experiencia en la creación y edición de activos visuales, incluso si no es un experto en Photoshop. Y puede ser muy útil para el social media mánager saber trabajar con Excel, y así no tener que apoyarse por completo en el *social media analyst* para conocer cuál es su rendimiento en las redes sociales.

Este intercambio transversal de habilidades hace que todo sea mucho más fácil cuando se trata de compartir responsabilidades, y evitará las típicas pesadillas de cuando alguien deja el trabajo o cuando se ausenta por vacaciones. Sin embargo, mientras se delinean estas funciones y responsabilidades, debes dejar suficiente margen para que las personas desarrollen su papel y se conviertan en especialistas en lo que hacen.

7. Cómo saber en qué herramientas de social media debes invertir

En el último capítulo te ofrecemos un extenso y completo listado de herramientas que seguramente te ayudarán a ser más productivo y a darle otro sentido a muchas de las acciones que tendrás que realizar en redes sociales.

Muchas de esas herramientas que hemos listado para ti son gratuitas y otras de pago (que por lo general cuentan con pruebas gratuitas o versiones *freemium),* pero tendrás que descubrirlas tú mismo, tal y como hicimos nosotros en su momento. Por mucho que te las expliquemos, no hay nada mejor que aprender cómo te puede ayudar cada una desde su propio uso.

La implantación de herramientas de social media puede provocar beneficios o pérdida de dinero, dependiendo de cuáles elijas y de cuándo lo hagas, lo que representa una gran diferencia entre conseguir o no tus objetivos monetarios.

Algo que hemos aprendido tras tantas empresas en las que hemos implantado distintas herramientas es que el uso de las mismas no genera un beneficio por sí mismo, es decir, no basta ser vanguardista, tecnológicamente hablando, para conseguir objetivos de negocio.

Por lo tanto, si de verdad quieres monetizar las acciones que realices en la red, tendrás que decidir muy bien las inversiones que hagas en herramientas, sabiendo que ahorrar dinero también es monetizar, y que ahorrar tiempo en cada uno de los procesos que realizas en redes sociales es una buena forma de no perder dinero.

• Cómo saber que es el momento de incluir herramientas

Un primer termómetro es darte cuenta de que has llegado al punto en el que tanto tú como tus colaboradores ya no tenéis tiempo para gestionar todo lo que tenéis asignado, o bien cuando tú mismo te das cuenta de que hay cosas que necesitas saber sobre los resultados de lo que haces y que por mucho que intentas, no lo consigues averiguar.

Elegir la introducción de herramientas requiere de una cuidadosa evaluación en función de los resultados que se esperan conseguir. Existen momentos en las empresas en los cuales una innovación que ofrezca una posible solución desemboque en laberintos en los que no se tiene claro si en verdad se estará siendo más eficiente y productivo.

- Cómo saber en qué herramientas debes invertir

Antes de nada, hazte esta pregunta, ¿cuáles son los objetivos de negocio que ayudará a cumplir la herramienta? Uno de los primeros errores que vemos que cometen las empresas cuando abren cuentas de redes sociales es pensar que tenerlas abiertas ya es un objetivo en sí mismo, cuando en realidad es un medio para conseguir algo. Ten en cuenta los siguientes puntos:

- Elige herramientas que ayuden a la mayoría de tus colaboradores; las herramientas que solo ayudan a una persona o a una función por lo general dejan de ser útiles pasado un tiempo, eso sin contar que son menos amortizables.

- Verifica si es posible pagar de forma anual en lugar de hacerlo mes a mes, ya que muchas veces te hacen un descuento por ello.

- No compres un Ferrari si tu objetivo solo es ir con él a comprar el pan a la esquina. Nunca compres la herramienta más potente solo porque lo es; muchas veces una sencilla herramienta de desarrollo local puede ser más útil que la súper-herramienta norteamericana. Dale a tu estrategia solo lo que de verdad necesita.

- No elijas las herramientas porque te hacen ir más rápido o más lejos, sino porque te permiten ser más ágil para responder a los cambios de tu entorno.

- Mide los resultados desde el minuto cero, determina desde el principio si la herramienta te ofrece resultados. Si han pasado unos meses y no ha mejorado lo que haces o no ha reducido el coste, deshazte de ella.

- Busca herramientas hechas en tu propio país o región. No te dejes llevar por falsas impresiones sobre la capacidad tecnológica de un país por encima de la de otro. Puede que Estados Unidos sea un referente en el desarrollo y puesta en marcha de herramientas, pero muchas veces no se adaptan a tu particular caso local.

Por ejemplo, en nuestro caso, la única herramienta que utilizamos para gestionar concursos en redes sociales es EasyPromos, una herramienta de desarrollo local (Cataluña), con una potencia enorme en los resultados de nuestras campañas en redes sociales.

De la misma forma, las únicas herramientas que utilizamos para la gestión masiva de las redes sociales de nuestros clientes, así como para su medición, son SocialGuest y Metricool. Estas herramientas no solo entienden lo que necesitamos, sino que al estar en nuestra propia región e incorporar los idiomas que hablan nuestros clientes locales e internacionales puede adaptarse a la perfección a nuestras particularidades y a nuestro presupuesto.

Evaluar el éxito de una implantación de herramientas puede ser una tarea compleja. Sin embargo, si una vez implantada estás mejor que en el pasado, es un buena señal.

- Lo que debes evitar al implantar herramientas 2.0

    - Comprar la herramienta de moda. Lo mejor es comprar la que necesitas, no la que más se vende.

    - Improvisar. Es lo peor que puedes hacer al implantar herramientas. La idea es planificar su entrada en todos los sentidos.

    - Impacientarse en cuanto a los resultados. No todas las herramientas dan resultados de inmediato. Hay que tener un poco de paciencia en algunos casos.

    - Implantar sin un análisis de situación. Antes de introducir una herramienta, analiza la situación que quieres mejorar.

La empresa no se quedará obsoleta si no puedes encontrar espacio para las herramientas. Nuestra principal herramienta sigue siendo Excel.

8. Tu producto no tiene envoltorio digital

Reflexión en un tuit

«Si tu producto no sirve, las redes sociales no harán el milagro de convertirlo en algo útil. Al contrario, harán que muchas más personas sepan que no sirve», **Pedro Rojas (@seniormanager).**

Comenzamos con esta reflexión debido a que existe la falsa creencia del supuesto poder de las redes sociales para vender de todo y llevar nuestro producto a mucha gente para que lo compre. Pero cuando se trata de un producto que en la práctica no funciona, no es atractivo o es de baja calidad, entonces los resultados serán totalmente opuestos a tus objetivos.

Si los productos o servicios a difundir son malos en calidad o de poca utilidad, las redes sociales no harán más que mostrar esos defectos o desventajas a una audiencia muy grande, lo que en realidad genera un efecto contrario al que buscamos.

Nuestro consejo es que primero te asegures de la calidad y prestaciones de los productos o servicios que ofreces y que lo difundas en tus redes sociales una vez que sea evidente que cumplirá con su cometido. De otro modo, será un desastre en todos los sentidos.

- Las redes sociales no son perfectas ni hacen milagros

  - No son gratis. Si necesitan ser gestionadas, entonces necesitas a alguien que lo haga, y eso significa inversión de dinero para pagar a esa persona, así que gratis como tal no son.

  - No tienen derecho al olvido. Se habla mucho de Google sobre este particular, pero también en las redes sociales cuesta mucho borrar el rastro de publicaciones de una empresa, así que ten mucho cuidado con lo que publicas, pues se puede borrar, pero no se puede eliminar de los registros ni la difusión que otros ya le hayan dado a tu contenido.

  - A veces generan problemas de reputación. No te vamos a mentir: no todos los usuarios se convertirán en tus clientes. Si tu producto o servicio disgusta a alguien, te lo hará saber de forma pública, así que si no realizas una buena gestión de comentarios negativos, prepárate para perder un poco de reputación.

Solo queremos alertarte sobre las personas que te venderán las redes sociales como la panacea cuando en realidad son simple herramientas que cumplen con una función, así que no siempre darán los resultados que esperas solo porque son redes sociales.

9. Recursos iniciales

Sí, necesitas algunos recursos propios antes de pensar en monetizar tus esfuerzos en redes sociales. Estos recursos constituyen una pieza fundamental y están representados en todo aquello que ya tienes o de lo que puedes disponer. Sí, incluyendo tu tiempo y el de tu equipo, pues el recurso humano también está incluido.

Lo mejor que puedes hacer es realizar un inventario de todos tus recursos, de los que ya tienes y de los que podrías conseguir.

> **Reflexión en un tuit**
>
> «La capacidad para actuar sin recursos en cualquier entorno es como un súper-poder que tienen algunas personas, ya que consiguen convertir lo que sea en una oportunidad», **Sara Werner, (@sara_werner).**

Lo hemos dicho en el punto anterior: las redes sociales no son gratis, así que parte de la monetización viene con una correcta distribución de recursos.

Antes de pensar en hacer dinero con las redes sociales, hazte estas preguntas:

- ¿Cuál es tu presupuesto?

- ¿Cuál el tiempo estimado del que disponéis tú y tu equipo para la gestión de las redes sociales?

- ¿Están en tu equipo capacitados para una gestión coherente y eficaz?

- ¿Usarás a tu propio equipo o piensas contratar a otras personas?

- ¿Cuentas con los equipos y la tecnología necesaria para lo que buscas?

- ¿Dispones de un plan de contingencias financiero para cubrir sucesos inesperados?

Tendrás que decidir si parte de las acciones se ejecutarán desde alguna agencia externa (*outsourcing*) o si decides proponer un *mix* en el que incluyas a personas de tu equipo junto a personas externas.

Si tu empresa es grande, te recomendamos utilizar un esquema de tipo matricial, es decir, que combines las funciones de las personas que trabajan en distintos departamentos para aprovechar esa transversalidad de la empresa.

Si distintas personas que trabajan en departamentos que tradicionalmente no tienen que ver con marketing, ventas y comunicación participan de la estrategia, tendrás mejor´es resultados.

Consejo para empresarios y emprendedores:

Asigna los recursos según la actividad o la acción, no lo hagas nunca de forma global. De esta forma permites que el presupuesto pueda desviarse de un lugar a otro sin problemas cuando sea necesario.

10. Posibles obstáculos

- El presupuesto

Cuando te hablamos sobre los recursos, pudiste darte cuenta de que el presupuesto es fundamental para poder arrancar con una estrategia en redes sociales y, aunque la gestión *online* no es tan costosa, el dinero es un catalizador de los resultados.

Cuanto más dinero tengas, más rápido vendrán los resultados. De la misma forma, si no tienes capacidad económica para afrontarlo, tendrás una limitación en los resultados.

- El tiempo

Después del presupuesto, es el factor más importante, ya que este trabajo estratégico de difusión y publicaciones necesita de tiempo para poder generar resultados de negocio.

Eso en el caso de que tengas un plan y ya sepas qué hacer, pero, como hemos explicado en este libro, la mayoría de los empresarios y emprendedores entran al mundo de las redes sociales pensando que deben hacer una cosa cuando en realidad es otra.

- Ausencia de profesionales preparados

Es un hecho. La mayoría de quienes se autodenominan profesionales de las redes sociales no lo son, así que resulta complicado encontrar a alguien que vaya más allá de las simples publicaciones de información sin sentido en redes sociales. Y como todavía no es posible identificar a quienes sí saben gestionar redes sociales con fines estratégicos fijando objetivos monetarios, seguiremos un tiempo con desventaja de ese aspecto.

- Miedo

Como bien apunta Pilar Jericó (@PilarJerico), destacada especialista en consultoría de empresa, «si eres capaz de identificar lo que se oculta detrás del miedo y los beneficios que te aporta, podrás acelerar cualquier proceso de transformación».

El miedo a lo desconocido, que parece conocer todo el mundo, es el peor legado de quienes crearon las primeras redes sociales. Nos hicieron creer que era sencillo y nos hicieron creer que era algo tecnológico cuando resulta que es algo comunicacional. El miedo está presente en la exposición que las redes sociales nos dan frente a tantas personas, pero es cuestión de aprender a aceptar que se trata de una herramienta más que hay que aprender a utilizar.

11. Por qué debes tener un plan

La respuesta es muy sencilla: porque al desarrollar una estrategia en redes sociales, generas de forma automática oportunidades de negocio y monetización que no habrías podido encontrar a través de medios tradicionales, y porque te ofrece ventajas competitivas que ningún otro entorno podrá darte.

No hace falta hacer un estudio para confirmar que la mayoría de las organizaciones alrededor del mundo llegan a las redes sociales de manera táctica, es decir, a través de la creación de una cuenta en Instagram, Facebook, Snapchat, Pinterest, LinkedIn, YouTube, TikTok o Twitter, pero sin ningún sentido estratégico.

Eso sucede porque han visto que todos están en las redes y les preocupa estar perdiéndose algo, así que se ponen a publicar cosas sin sentido, lo que ocasiona pérdidas de tiempo y dinero y hace que los esfuerzos no estén en concordancia con los objetivos de negocio de la organización.

Por eso es fundamental tener un plan estratégico de social media que permita definir con exactitud los objetivos monetarios de las redes sociales para que estén orientados hacia la misma dirección que los objetivos de la organización.

Está demostrado que se pueden obtener beneficios monetarios a partir de la difusión de contenidos que atraigan a posibles clientes hacia nuestros productos y servicios, así como para posicionar a los mismos en los distintos motores de búsqueda. En definitiva, el hecho de que una organización esté en redes sociales ya equivale a abrir una ventana a nuevas oportunidades para crecer como empresa.

Además, las redes sociales son un termómetro de la percepción que tiene nuestra audiencia sobre nuestros productos y servicios y, al mismo tiempo, son un canal de atención y satisfacción al cliente de una utilidad única, pues se han transformado en un poderoso medio para atender y gestionar preguntas e incidencias de forma mucho más efectiva que cualquier *call center* (centralita de atención al cliente).

Por otro lado, el número de usuarios en redes sociales sigue en crecimiento. Está claro que tus clientes están en las redes sociales, tanto los que ya lo son como los potenciales, así como proveedores, competidores y prácticamente todos los públicos involucrados en la dinámica de negocio de la empresa.

Podríamos seguir enumerando razones por las cuales debes tener un plan estratégico para el uso de redes sociales en tu empresa, pero estamos seguros de que ya te hemos convencido, ¿verdad?

Reflexión en un tuit

«Los negocios no se conectan a las redes sociales; son las redes sociales las que se conectan al negocio», **María Redondo (@mariaredondo).**

MÁS ALLÁ DEL RETORNO DE LA INVERSIÓN (ROI), ¿CÓMO SE DETERMINA EL BENEFICIO MONETARIO UTILIZANDO LAS REDES SOCIALES?

4

1. ¿Qué significa medir el beneficio o los resultados (ingresos) cuando hablamos de redes sociales?

Mucho se ha hablado sobre cuáles son los parámetros que deben seguirse para saber si de verdad estamos avanzando en nuestra estrategia en redes sociales. Es un tema que cada vez cobra más importancia, a medida que el uso del social media se extiende con fines comerciales.

Lo más importante es saber que no solo se trata de un tema de retorno de la inversión (ROI), sino de determinar lo que la empresa o la persona desea conseguir, es decir, el objetivo.

Definir el objetivo en concreto y acordar ciertas metas es lo que permite determinar si nuestra estrategia va por buen camino. Para eso hay que revisar con anterioridad qué se aspira a conseguir. Asimismo, determinar cuáles serán las KPI (indicadores clave) es crucial para poder medir los resultados y el retorno de la inversión hecha.

Reflexión en un tuit

«Los objetivos de la empresa no se conectan a las redes sociales; son las redes sociales las que se conectan a los objetivos», **Pedro Rojas (@seniormanager).**

La rentabilidad en social media es una medida que va ligada a un determinado período de tiempo y al rendimiento de todo lo que haga o invierta una empresa en sus redes sociales: acciones, campañas, recursos humanos y compra de herramientas, entre otros, con dependencia directa de lo que cueste gestionar y ejecutar estas acciones o inversiones.

La rentabilidad asociada a las redes sociales se establece como indicador básico para juzgar la eficiencia en la gestión de los responsables del social media, pues es precisamente el resultado de las acciones en la red, con dependencia del coste de dichas acciones, lo que determina con carácter general que una estrategia en redes sociales sea o no rentable en términos económicos.

El hecho de tener en cuenta el coste de las acciones que se llevarán a cabo en la red permitirá determinar en el futuro si una empresa ha podido sacar rentabilidad a sus redes sociales o no; pero, sobre todo, le permitirá identificar si la causa de no haberlo conseguido ha sido la imposibilidad del equipo que se encarga del social media de impactar de manera positiva en la actividad económica de la empresa o si ha sido por otras causas más relacionadas con otros departamentos de la empresa.

1.1. ¿Cómo medir una estrategia en redes sociales en términos cuantificables?

En palabras de Víctor Puig (@victorpuig), especialista en reputación *online* y comunicación en internet, en un entorno como el digital, en el que se puede medir cualquier detalle, el riesgo que corremos es que los árboles (indicadores) no nos dejen ver el bosque (objetivos): medir la situación en la que estamos nos ha de servir para aprender qué hemos de mejorar y para tomar decisiones. Pero no decisiones para ganar más *likes* («me gusta») o más *followers* (seguidores), sino para generar más negocio, que es de lo que se trata.

Medir, al final, es aceptar una convención de una métrica que podemos crear a medida si nos apetece o que podemos delegar en una herramienta. Pero en este segundo caso es imprescindible entender bien cómo esa herramienta llega al número sobre el que basaremos nuestro análisis. Esto es especialmente importante cuando medimos los resultados de las redes sociales con herramientas de monitorización.

Entonces, ¿cómo se puede cuantificar una estrategia de social media? Lo que recomendamos es la elaboración de una respuesta directa, basada en la meta establecida por la empresa (objetivo) una vez implementado el plan. Una respuesta que incluya tanto los componentes medibles en términos monetarios como los que solo tienen relación con el *impact of relationship* (IOR) o el impacto de las relaciones en la red. Este concepto te lo explicamos más abajo.

En pocas palabras, hay que vincular los objetivos monetarios tangibles y tradicionales de la empresa con los nuevos objetivos digitales, menos tangibles.

Tener un objetivo concreto y un plan definido es crucial para poder calcular luego el ROI y/o el IOR. Y para eso es necesario tener una idea de lo que se quiere conseguir, incluso antes de pensar en obtener variables de medición.

En la fórmula aritmética básica que calcula el ROI, Vf representa la inversión final y Vi representa la inversión inicial. En resumen, si se invierten 1.000 euros y se obtienen 4.000, entonces, según la fórmula, el ROI es de tres veces la inversión inicial. ¡Nada mal para este ejemplo!

$$\text{ROI}_{\text{Arit}} = \frac{V_f - V_i}{V_i} = \frac{V_f}{V_i} - 1$$

Lo importante entonces es tener claro que hay que enfocar la respuesta en cómo se podrán medir los resultados, y no solo en términos de ROI, sino también según las fluctuaciones de diferentes variables más relacionadas con el impacto de las relaciones (IOR) que estableceremos en la red, tales como fidelización, nuevos clientes (prospectos), ventas cruzadas, retención de clientes, divulgación, *engagement* (compromiso), número de seguidores y reconocimiento de la marca, entre otras.

Una vez implementada la estrategia, y dependiendo de cada empresa, sector o tipo de negocio, se deben interpretar, valorar y, sobre todo, comparar los resultados de otras variables (que seguramente ya son cuantificadas y analizadas por las empresas en sus KPI), resultados con los que también podemos dar juego a nuestra respuesta en aspectos como estos:

- En el tráfico web o clics a un sitio determinado.
- En el nivel de posicionamiento y reputación de tus sitios *online.*
- En el número de nuevos *leads* (clientes potenciales).
- En la facturación o volumen de ventas.
- En las métricas de marketing tradicional que establece la empresa.
- En los resultados financieros (beneficios obtenidos).

En las variables anteriores no están incluidas las relacionadas con el IOR.

Pero ¿qué es IOR o *impact of relationship* (impacto de las relaciones)? En teoría, son las emociones que las personas vierten en las redes sociales cuando participan y se relacionan en ellas, y que pueden ser medibles. En la práctica, es todo lo que se consigue cada vez que las personas reaccionan a una publicación en la red.

Piensa lo siguiente: ¿podrías medir todo el amor que siente una madre por su hijo? No existe aún la herramienta que pueda medir ese sentimiento, pero aun así, es tan real, tan verdadero, tan presente y tan fuerte que todos saben que existe, nadie lo pone en duda. Así que sí es posible realizar una aproximación correcta de lo que vale monetariamente el ROI, midiendo el grado o el impacto que tienen las relaciones que se establecen en redes sociales, y este enfoque es perfectamente extrapolable a una empresa en relación con las interacciones que pueda conseguir en sus redes sociales.

En definitiva, el IOR es el otro factor que ayuda a determinar la rentabilidad del uso de las redes sociales y es prácticamente inseparable del ROI, pero solo es útil si las variables involucradas están en función de las metas monetarias que haya fijado la empresa.

Nuestra respuesta sobre este tema debe terminar con un elemento significativo que también haga énfasis en las nuevas métricas o KPI que van surgiendo cada día con las cada vez más frecuentes inclusiones de estrategias de social media empresariales.

Pensamos que hasta ahora nunca se había medido lo que el cliente quiere de forma tan precisa, tangible y confiable como con las redes sociales. El hecho de poder relacionarnos de manera directa con los clientes y de hacerles saber que estamos escuchando puede mejorar el negocio, las ventas e incluso los productos, así como los niveles de servicio; y eso, en materia de negocios, es lo que trae beneficios a una empresa.

1.2. Principales indicadores (KPI) de medición a tener en cuenta para medir el impacto de las redes sociales

Aunque más adelante podrás agregar otros, dependiendo de tu sector, modelo de negocio y tipo de empresa, estos son los principales indicadores de desempeño que te recomendamos tener en cuenta, al menos al inicio de la estrategia:

- Cuando se relacionan con la web y el blog

    - Visitantes únicos por mes al blog o web.

    - Número de visitantes por región.

- Total de artículos leídos.

- Número de suscritos a tu *feed* RSS para estar al tanto de tus actualizaciones de información.

- Total de suscriptores por correo electrónico.

- Número de comentarios promedio por semana o mes.

- Número de comentarios por número de publicaciones.

- Recurrencia de los comentaristas (¿Identidad? Influyentes o no influyentes).

- Número de enlaces (publicados, compartidos, clics).

- Número de publicaciones en redes sociales de un artículo del blog.

- Tiempo promedio en el sitio.

- Número de retornos (visitantes).

- Resultados en Google Analytics.

- Cuando se relacionan con las redes sociales

Depende de las características de cada red; algunos aplican a todas, otros no.

- Número de seguidores.

- Número de listas en las que te encuentras.

- Número de menciones.

- Número de mensajes directos.

- Número de seguidores de la misma temática o sector.

- Número de contactos.

- Número de miembros en tu grupo.

- Número de mensajes al grupo en proporción al número de miembros.

- Tipo de contactos (influyentes o no influyentes).

- Número de asistentes a los eventos organizados.

- Número de visitas a tu perfil.

- Progresión del crecimiento de contactos.

- Número de invitaciones de contacto aceptadas.

- Número de clics puente hacia la web o blog.

- Número de fans o me gusta *(fan page)*.

- Tipo de fans (influyentes o no influyentes).

- Número de comentarios en el muro.

- Número de *tags* (etiquetas) en fotos publicadas.

- Número de invitaciones aceptadas.

- Número de veces que se ha visto un vídeo.

- Número de suscritos a la cuenta.

- Número de comentarios.

Seguir de cerca estos datos te servirá para tener una idea de cómo está funcionando tu estrategia e incluso para saber el crecimiento de tu influencia en la red, así como para determinar si el contenido que subes a las diferentes redes sociales son tan valorados, útiles y convincentes que consiguen que las personas vuelvan cada día a revisar lo que publicas.

Por otro lado, si le has dado un enfoque comercial a tu estrategia, debes tener muy claro que los resultados deben medirse en función de las fluctuaciones de los diferentes indicadores que hemos mencionado arriba, pero también de otras variables importantes, tales como la retención de clientes (fidelización), nuevos clientes (prospectos), ventas cruzadas, difusión, menciones de la marca en positivo y reconocimiento de la misma, entre otras.

2. Qué es el ciclo de venta y su relación con las redes sociales

¿Recuerdas cómo te relacionabas con tus familiares y amigos antes de que existieran redes sociales como Facebook, Instagram o WhatsApp? ¿O cómo accedías a cualquier información que quisieras o necesitaras consultar?

Es posible que no puedas contestar de manera inmediata y que necesites pensarte la respuesta. El motivo es evidente: en menos de una década, las nuevas tecnologías han transformado de manera radical muchos de los hábitos y acciones que configuran nuestro día a día, hasta el punto de que ahora mismo nos resultaría casi imposible llevarlos a cabo si no las tuviésemos a nuestro alcance. En cualquier caso, estos cambios no solo afectan a nuestra esfera personal.

Pau Valdés (@valdespau), reconocido especialista en *Inbound Marketing* (técnicas de atracción de potenciales clientes), nos comenta cómo se ha transformado el ciclo de venta en las redes sociales. Según Valdés, la irrupción de internet y, apenas unos años después, la de los buscadores *online* también han tenido un enorme impacto en lo que llamamos el ciclo o proceso de venta. Así lo demuestran estudios como el II Informe Anual de General Electric Capital Retail Bank[1], del que se desprende que el 81% de los usuarios que realizan una compra la comienzan con una búsqueda en internet, lo que supone un aumento del

20% en un año. En el mismo estudio además se evidencia que el 61% de los denominados *millennials* –es decir, los jóvenes nacidos entre 1980 y 2004– realizan búsquedas en redes sociales antes de formalizar una compra.

Para entender un poco mejor el porqué de esta transformación, hay que subrayar que el ciclo de venta es aquel proceso que vive la empresa desde el momento en que interactúa con el usuario de manera directa hasta que este efectúa la transacción. Dicho ciclo se estructura en cuatro etapas, que se resumen con las siglas AIDA y que corresponden a las iniciales de los siguientes conceptos:

Atención. En esta fase, la empresa intenta que los compradores potenciales presten atención a sus productos y servicios.

Interés. La empresa lleva a cabo diversas acciones informativas y de marketing para dar a conocer los beneficios de sus productos.

Decisión. En esta etapa, la organización trata de convencer a los usuarios para que se decidan a adquirir un determinado producto.

Acción. Por último, se anima a las personas interesadas en la oferta comercial de la empresa a formalizar la compra.

2.1. La aparición de la red de redes: un antes y un después

En cualquier caso, habría que distinguir una versión del proceso AIDA anterior y posterior a la irrupción de internet. Así, antes de la aparición de las nuevas tecnologías, este proceso discurría en paralelo con el ciclo de compra (entendido como aquel que se inicia cuando el usuario se percata de que tiene una nueva necesidad, por lo que comienza a investigar acerca de posibles soluciones y acaba realizando una compra entre las diversas opciones disponibles). En cambio, internet hace que los ciclos de compra y de venta tomen caminos separados: así, mientras que el primero mantiene su duración, el de venta se acorta de manera considerable.

Esto es debido a que, en un escenario *offline,* el proceso de investigación de los usuarios se realizaba acompañado de un comercial o vendedor, por lo que ambos procesos coincidían en el tiempo.

Esto cambia con la puesta en escena del universo *online,* lo que hace que los usuarios sustituyan el consejo de los vendedores por los buscadores de internet con el propósito de satisfacer las primeras fases de su proceso de decisión. Por descontado, esto simplifica y disminuye la duración del ciclo de compra. Asimismo, el nacimiento de las redes sociales a principios de la década del año 2000 añadiría una nueva variable al proceso.

Como era de esperar, las empresas no se han quedado de brazos cruzados ante este radical cambio de hábito por parte de los usuarios. Por eso, las organizaciones han desarrollado recursos y procedimientos que les permiten identificar a aquellos usuarios que han iniciado un proceso de compra antes de que las propias empresas puedan dar a conocer su oferta comercial.

Esto ha modificado de forma sustancial las dinámicas de trabajo de los departamentos de comerciales. Ahora, estos deben dominar herramientas que les permitan identificar a usuarios que son *sospechosos* de haber iniciado el proceso de compra (susceptible, por lo tanto, de culminar en una venta). Existen dos vías para que las organizaciones puedan identificar a estos dos compradores potenciales:

- Herramientas de monitorización, fundamentales para identificar qué sucede en la red y sobre qué hablan los internautas. En esta fase, el objetivo de las compañías es lograr que los usuarios consulten sus propios recursos (web corporativa, blog, redes sociales, etc.) a la hora de informarse. Para ello, es indispensable difundir contenido relevante, gratuito, de calidad y que aporte valor.

- Herramientas de gestión de la relación con el cliente (CRM, en sus siglas en inglés de *Customer Relationship Management),* que permiten analizar el comportamiento de aquellos usuarios que han interactuado con la empresa a través de internet. En este apartado, cabe referirse a herramientas como por ejemplo Sidekick, el CRM de HubSpot. Herramientas como estas han transformado el procedimiento de venta tradicional en lo que hoy se conoce como *social selling* (técnicas comerciales a través de las redes).

Por lo tanto, es evidente que el paradigma del proceso de compra ha cambiado, pero también las competencias y herramientas que debe controlar el vendedor. Todas ellas se han sofisticado y exigen a los comerciales emplear a menudo los dispositivos móviles (tanto teléfonos inteligentes como tabletas), recurrir a las nuevas tecnologías, tener sus perfiles en redes sociales siempre actualizados, utilizarlos de manera correcta, etc. ¿El motivo? La gran influencia que ejercen las redes sociales en la conducta del usuario hasta el punto de tener la capacidad de empujarle a comprar o de disuadirle de ello.

3. Cómo medir el ROI en las principales redes sociales

Tal y como apunta Tristán Elósegui (@tristanelosegui), consultor de marketing *online,* la búsqueda del retorno de inversión es uno de los caballos de batalla con los que venimos luchando desde que las redes sociales empezaron a formar parte de las estrategias de las empresas.

En los inicios, empezamos tratando de calcular el valor económico de una conversación, lo que derivó en la búsqueda del *engagement.* De ahí pasamos al *F-commerce* (Facebook *commerce),* a la acumulación de fans, y parece que ahora volvemos al *engagement* con Instagram liderando las estadísticas.

Las empresas viven de las ventas, y por eso han intentado conseguirlas con sus estrategias en redes sociales desde el principio. El problema es que no todos los canales son igual de efectivos vendiendo ni todos tienen el mismo papel en el proceso de venta.

Esta es la clave de todo el asunto. Para calcular el retorno de la inversión, antes tenemos que entender cuál es el papel de las redes sociales en la estrategia de la empresa, y en concreto en el proceso de venta. Pero antes aclaremos la confusión relativa a las ventas en redes sociales.

3.1. ¿Sirven para vender las redes sociales?

¿Por qué nos hemos hecho esta pregunta desde el principio? Porque no entendíamos cómo funcionaban:

- Comparábamos peras con manzanas: las veíamos como otro canal de conversión más y esperábamos obtener el mismo retorno.

- Nos dedicábamos a publicar sin esperar respuesta: pensábamos que social media era un canal de emisión y no bidireccional.

- No entendíamos el contexto: los usuarios están en redes sociales para hablar de su día a día, comentar noticias y compartir fotos, y no para recibir ofertas de empresas. No entendíamos que no estaban en modo compra.

Por lo tanto, parece claro que las empresas tienen que redefinir su presencia en redes sociales. Todavía vemos muchas empresas empeñadas en captar fans a toda costa, en disparar ofertas, en buscar los resultados al peso (cuántos más *likes, shares* o compartir y comentarios, mejor), pero pocas se han parado a pensar de verdad en cómo sacarles partido en aquello que son realmente efectivas.

- Tienes que replantearte la presencia de tu empresa en redes sociales

El mayor obstáculo de las empresas para empezar a vender a través de estrategias en redes sociales es salvar la brecha creada por la falta de experiencia y formación. Pero aun si se soluciona este problema, seguimos encontrando problemas estructurales que impiden que las ventas lleguen.

- Las redes sociales son un canal de recomendación, no de venta

Todas las empresas necesitan vender. ¡De una manera u otra, todas venden algo! Por este motivo el foco de todas sus estrategias está en generar ventas, y las redes sociales no son una excepción.

Las empresas que han tratado de vender a la antigua, es decir, con campaña de *social ads* (publicidad en redes sociales) más oferta, han obtenido unos resultados escasos (de ahí viene el debate sobre si las estrategias en social media funcionan o no).

¡Y, por supuesto, convencerles de que tienen que transformar el enfoque al *engagement* y buscar la recomendación en lugar de la venta es un cambio de mentalidad demasiado radical!

Siempre hemos defendido que las redes sociales son un canal de recomendación y no de conversión directa, es decir, empujan a la venta y esta ocurre fuera.

Todo esto no quiere decir que no se produzca venta alguna desde las propias redes sociales, pero sí que son pocas y no justifican una estrategia de venta directa. Debemos tratar de llevarlas a su hábitat, es decir, nuestra web, base de datos, *call center* y tiendas físicas.

¿Por qué no sirven para vender las redes sociales? ¿Por qué solo sirven como canal de recomendación?

Tan fácil de entender como que los usuarios no están en modo compra es que los usuarios usan las redes sociales para lo que fueron concebidas: como un sitio de ocio/social (Facebook), informativo (Twitter), conversación rápida (WhatsApp), compartir momentos (Instagram y Snapchat), de *networking* (LinkedIn), etc. Es decir, las redes no son un supermercado *online*. Para eso existen otros canales.

El papel de las redes sociales es tratar de ayudar en el proceso de toma de decisiones de compra. Por eso acudimos a ellas en busca de consejos de nuestros contactos e incluso de las propias marcas, o bien para que la propia marca nos solucione una duda sobre lo que ofrecen.

Esto no quiere decir que las empresas no puedan usar estrategias de atracción hacia sus productos o servicios publicando anuncios o descuentos, pero sí quiere decir que deben hacerlo en una proporción moderada en relación al resto del contenido que publican que, en nuestra opinión, debería ofrecer algún tipo de valor o interés para el usuario.

En este punto, el objetivo de las empresas debe ser la búsqueda del *engagement,* la creación de relaciones sólidas con sus clientes o potenciales clientes. Es decir, calidad y no cantidad.

Y, por lo tanto, nuestra forma de juzgar el éxito de una estrategia (y las métricas que usemos) tiene que ser diferente (como decíamos al principio, no debemos comparar peras con manzanas). Todo esto nos lleva al siguiente punto.

• Las estrategias de las empresas son reactivas, no proactivas

Las empresas reaccionan cuando los usuarios se hacen seguidores, comparten algo, muestran que les gusta alguna cosa, etc. ¿Qué problema tiene este enfoque?

Cuando el usuario interactúa por primera vez con una marca en redes sociales, está a punto o ya ha tomado la decisión de compra.

Según estimaciones de la empresa DataSift (de Tim Barker), cuando esta primera interacción tiene lugar, el usuario ya tiene tomada el 60% de su decisión de compra. Así que si tu marca no es la elegida, tienes pocas posibilidades de convencerle. Y si resulta ser la elegida, el usuario va a comprarla fuera de la red social. El papel de la empresa debe ser el de facilitador, no de vendedor.

Como consecuencia de este comportamiento, las empresas basan sus estrategias en hechos pasados, ya que en su mayoría los *follows* (siguiendo) o *likes* representan decisiones tomadas, no intenciones de primera compra.

Por supuesto que existen excepciones, pero si nos centramos en la búsqueda de nuevos clientes y de ventas, esto es lo que suele ocurrir.

Para hacer este cambio de mentalidad, necesitamos tener los datos con el fin de adoptar las decisiones correctas, cambiar nuestra forma de enfocar las ventas (recomendaciones en lugar de ventas directas) y tratar de adelantarnos a las necesidades del usuario (esto es lo más difícil). Es decir, medición, escucha proactiva y analítica predictiva.

1. Medición correcta

Para tomar mejores decisiones, necesitamos datos en los que basarlas. Y si no medimos de manera correcta, no tendremos esos datos y adoptaremos decisiones basadas en intuiciones, no en información.

Uno de los problemas más importantes es la dificultad de medir cada una de las acciones que se realizan. Hacerlo de modo correcto requiere metodología, herramientas y una gran disciplina, pero si no lo hacemos, estamos perdidos. Sería como ir a ciegas.

2. Escucha proactiva

El uso de herramientas de escucha y monitorización (no es lo mismo) está relativamente extendido entre las medianas y grandes empresas que apuestan por las redes sociales.

Sus usos más comunes son la gestión de crisis de reputación y el estudio del sentimiento hacia la marca (en los n atributos que se quieran considerar: marca, producto, precio, competencia, etc.).

Pero si orientamos la configuración de estas herramientas hacia la venta monitorizando palabras clave (*keywords*) relacionadas con venta y/o atención al cliente que se refieran a nuestra marca y/o productos, podemos usarlas para facilitar el proceso de venta y realizar una atención proactiva al cliente.

En función de la *keyword* monitorizada (por su mayor o menor cercanía a la compra), podemos clasificar las menciones en una u otra etapa del túnel o embudo de conversión para así definir nuestra estrategia de ventas (información, recomendación o atención al cliente) en cada una de sus etapas.

3. Analítica predictiva

Y para el final, la parte más difícil, pero la que cambiaría de manera definitiva la forma de actuar de las empresas (dentro y fuera de las redes sociales).

¿Qué pasaría si en lugar de actuar teniendo en cuenta hechos pasados tratamos de adelantarnos a lo que probablemente hará el usuario en el futuro próximo?

El concepto es relativamente fácil de entender: estudiamos el comportamiento de los usuarios y tratamos de predecir su siguiente acción en función de las anteriores, bien porque estas nos dan pistas concretas, bien porque desde el punto de vista estadístico después de la acción 1 suele tener lugar la acción 2. De hecho, es algo que llevamos tiempo tratando de hacer en otros ámbitos.

Pero obviamente llevarlo a cabo es otra cosa. ¡Y más cuando hablamos de redes sociales!

Esto requiere un estudio profundo de grandes volúmenes de datos (*Big Data Analytics)* y algoritmos de toma de decisiones automatizados que aprendan de estos análisis (inteligencia artificial).

En *Big Data Analytics* estamos dando los primeros pasos, pero la inteligencia artificial está en pañales aún. Así que tardaremos en ver herramientas que hagan ambas cosas de una forma óptima, al menos herramientas accesibles a cualquier compañía.

Imaginemos que somos capaces de hacerlo de manera correcta para verlo con un ejemplo. Si vemos que un usuario acaba de terminar la carrera (lo añade a su *bio),* está formando un grupo de amigos en Facebook y además comparte imágenes sobre playas (para eso todavía tienen que desarrollarse del todo los sistemas de reconocimiento de imágenes), podremos ofrecerle información sobre viajes antes de que siga mirando en otros canales (buscadores, webs, etc.) y antes de que tome una decisión sobre dónde irse.

¿Bonito, no? Esperamos poder verlo pronto. Cambiaría la forma de hacer las cosas de manera radical.

Nos ha costado llegar hasta aquí, pero hemos aclarado muchas cosas que necesitábamos saber antes de calcular el retorno de inversión (que en el fondo es un cálculo relativamente sencillo).

3.2. Cómo calcular el retorno de inversión en una estrategia de redes sociales

Tal ha sido la introducción hasta el momento que en este punto ya tenemos una idea clara de cómo podríamos calcularlo.

Para calcular de manera correcta el ROI en una estrategia de social media, debemos tener en cuenta, además de las ansiadas ventas, el retorno que se consigue en cada una de las fases del antes mencionado túnel de conversión *(conversion funnel),* en especial en la fase de atracción o interacción, y tratar de traducirlo a dinero.

Veamos el cálculo con un ejemplo. Para hacer el ejemplo más sencillo, vamos a elegir un único indicador de desempeño a medir (KPI).

Supongamos que la empresa ya está consolidada en redes sociales, y por tanto tiene actividad en todas las etapas de su túnel de conversión. En el cuadro siguiente se pueden ver los pasos a seguir:

1. Traducción de los objetivos de negocio en objetivos de redes sociales (social media).

2. Selección de los indicadores de desempeño o KPI que mejor midan la estrategia.

3. Determinación de los costes equivalentes más adecuados: debemos encontrar unos costes a los que asemejar el objetivo conseguido en cada caso. De esta forma podremos traducir a euros los resultados obtenidos.

4. Cálculo del ROI.

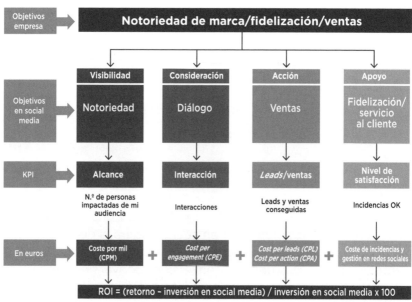

Fuente: @tristanelosegui

Parece simple, ¿verdad? Pues aunque en el cuadro parezca sencillo, llevarlo a cabo e implantarlo en una empresa tiene ciertas complejidades. No te preocupes, que te las iremos contando y despejando a lo largo del libro.

4. No se trata solo del ROI. Beneficio significa mucho más

Es evidente que muchas empresas ya son conscientes de que necesitan una estrategia de social media. Lo malo es que ni saben por dónde comenzar ni saben con quién empezar ni saben cómo obtener retorno de la inversión una vez que se decidan a calcularlo.

El uso de las redes sociales tiene, necesariamente, que demostrar que puede ser rentable antes de su implantación debido a que el verdadero objetivo de su uso como herramientas es que aporten beneficios a tu empresa o tu cliente, según sea el caso.

Así que vamos al grano: «la era de las redes sociales puede verse en todas las partes que componen una empresa, salvo en las estadísticas de resultados». Con esta frase inauguramos el evento SMMDay de 2017 (www.smmday.es), asegurando que la mayoría de las inversiones en redes sociales asociadas al social media y al marketing digital no estaban generando retorno.

Los detractores y defensores de nuestra afirmación siguen debatiendo y aún no han llegado a un consenso. Eso sí, todos se muestran de acuerdo en la dificultad de medir los resultados que genera una inversión en redes sociales.

4.1. ¿Qué deberías contemplar para invertir en redes sociales?

La valoración de una inversión en redes sociales implica el análisis de factores que van más allá de aspectos meramente económicos en una empresa, debido a que en numerosas ocasiones la implantación de una herramienta tecnológica nueva conlleva cambios en los procesos y maneras de operar que dan lugar a nuevas capacidades, pero también a nuevas barreras.

Así, la decisión de implantar redes sociales, con toda la inversión que eso conlleva, debe abarcar aspectos relacionados con la estructura organizativa de la empresa, la formación de las personas involucradas, los costes de pasar de una manera de hacer las cosas a otra, la creación de nuevas posiciones y el impacto que tiene en todos los departamentos, entre otros.

4.2. ¿Qué beneficios deben medirse?

Por lo general, al valorar los posibles beneficios de nuestros clientes cuando deciden invertir en redes sociales hacemos referencia a los beneficios económicos, como el aumento de la facturación, de los *leads,* así como de la reducción de los costes y gastos.

Otro de los beneficios que comúnmente incluimos en nuestros análisis es el ahorro que se produce con una mayor productividad en ciertos procesos, tales como atención al cliente, la calidad de los productos o servicios, la detección a tiempo de incidencias, las ganancias en productividad del cliente o usuario (reducciones del tiempo muerto o aumentos de la eficacia en la ejecución de tareas específicas), lo que también trae un incremento de la facturación (ingresos) debido a mayores ventas, aunque siempre dejamos claro que a través de las redes sociales no vamos a vender, hablando de manera literal.

También consideramos las ventajas intangibles generadas por el uso de las redes sociales, como el impacto en el desempeño de algunas funciones. Algunos ejemplos son la mejora de la satisfacción del cliente, una mayor disponibilidad y accesibilidad de la información, reducciones de tiempo, etc.

4.3. ¿Qué costes debes incluir sí o sí para que tu estrategia funcione?

El coste de las inversiones en redes sociales es fácil de identificar y está relacionado con el coste de las herramientas, dispositivos (*smartphones* y *tablets*), equipos para la gestión (ordenadores de mesa y portátiles) y algunos *softwares* necesarios para el desarrollo de las acciones. Sin embargo, existen una serie de gastos cuya consideración está sujeta a interpretaciones de quienes toman las decisiones en las empresas, como por ejemplo, el coste de formación de las personas que se verán involucradas.

Nuestra experiencia nos ha demostrado que estos costes de formación tienen un peso importante sobre el total de la inversión, debido a que cada persona dentro de una empresa tiene un nivel de conocimiento sobre el uso de redes sociales distinto al resto, así como diferentes paradigmas, y precisamente por eso estos costes suelen tener impactos tangibles sobre los resultados de la empresa. Por ello, es importante estimar cuán tangibles son estos resultados.

4.4. ¿Qué métricas tendrás que utilizar para cuantificar el beneficio?

La misma naturaleza de origen intangible de las redes sociales impide contar con una metodología única para su medición. Sin embargo, todas las inversiones que proponemos a nuestros clientes cuentan con alguna justificación financiera.

Existe unas cuantas métricas que puedes utilizar para este fin. La más común ya la hemos tocado en este capítulo, el retorno de la inversión (ROI). Pero existen otras, como el valor actual neto (VAN), es decir, el valor actual de la diferencia entre ingresos y gastos del proyecto, y la tasa interna de retorno (TIR) o la tasa que hace que el VAN sea igual a cero.

Supongamos que tu empresa tiene el siguiente importe para invertir en una estrategia de redes sociales:

- Importe a invertir: 3.000 €

- A cambio, recibiría durante los siguientes tres meses estas cantidades producto de su inversión:

  • 500 € al final del primer mes.

  • € al final del segundo.

  • 2.000 € al final del tercero.

Calcularemos los siguientes datos:

a) El VAN o suma de los ingresos en caja mensuales, deducido el importe inicial de inversión.

b) La TIR.

a) Cálculo del VAN

A los ingresos en caja mensuales (ventas - facturación) les llamamos «Q1, Q2, Q3... Qn».

A la tasa de descuento seleccionada le llamamos k (más abajo te explicamos qué es esto) y al importe a invertir A.

$$VAN = -A + \frac{Q_1}{(1+k)^1} + \frac{Q_2}{(1+k)^2} + \dots + \frac{Q_n}{(1+k)^n}$$

Siguiendo con nuestro ejemplo, tendríamos estos valores:

A = 3.000

Q1, Q2, Q3 = 500, 1.000, 2.000

k = 5%

Sobre el valor k, si la empresa no dispone de los 3.000 euros y decide solicitar un préstamo bancario, entonces k será el tipo de interés que se aplique a ese préstamo (para este ejemplo diremos que es el 5%). Si la empresa sí dispone de los 3.000 euros, entonces tendrá que calcular la rentabilidad que le daría ese dinero si lo invirtiese en otra cosa, como ponerlo a plazo fijo bancario. Es lo que se conoce como coste de oportunidad. Si existiera un depósito a plazo fijo de tres meses al 5% anual, entonces esa sería la tasa de descuento. ¿Verdad que no es tan difícil? ¡Vamos a averiguarlo con unos sencillos cálculos!

Entonces tendremos lo siguiente:

$$VAN = -3.000 + \frac{500}{(1 + 0,05)^1} + \frac{1.000}{(1 + 0,05)^2} + \frac{2.000}{(1 + 0,05)^3}$$

VAN = - 3.000 + 476,19 + 907,02 + 1.727,71

VAN = 110,92

En resumen, hemos hecho esto:

- Calcular el valor actual de cada cobro.

- Sumar estos valores actualizados.

- Y restarle el importe de la inversión (desembolso inicial).

Mes	Ingresos	Factor de actualización del valor del dinero	Valor actual del dinero
1	500,00 €	*Dividido entre (1 + 0,05)*	476,19 €
2	1.000,00 €	*Dividido entre (1 + 0,05)2*	907,02 €
3	2.000,00 €	*Dividido entre (1 + 0,05)3*	1.727,71 €
	3.500,00 €		**3.110,92 €**

VAN = suma ingresos (facturación - ventas) actualizados - inversión inicial

VAN = 3.110,92 - 3.000

VAN = 110,92 €

Esto significa que el proyecto de implantación de redes sociales durante estos tres meses es viable en términos de rentabilidad.

Interpretación:

Valor	Significado	Decisión a tomar
VAN > 0	La inversión produciría ganancias por encima de la rentabilidad exigida (k)	El proyecto puede aceptarse
VAN < 0	La inversión daría lugar a pérdidas frente a la rentabilidad exigida (k)	El proyecto debería rechazarse
VAN = 0	La inversión no generaría ni ganancias ni pérdidas	Dado que el proyecto no agrega valor monetario por encima de la rentabilidad exigida (k), la decisión debería basarse en otros criterios, como la obtención de un mejor posicionamiento en el mercado u otros factores

En la actualidad estos cálculos se han trasladado a las calculadoras financieras, pero aquí te enseñaremos a hacerlo en una hoja de cálculo (Excel), ya que incluye funciones que calculan el VAN directamente con solo introducir los valores correspondientes, tal y como te mostramos a continuación.

Mira la siguiente imagen:

	A	B	C	D
1				
2		**Cálculo del VAN en Excel**		
3				
4				
5		5%		
6		-3000		
7		500		
8		1000		
9		2000		
10		500		
11	VAN	110,90		

Lo hemos hecho de la siguiente forma: introduce estos datos en las celdas correspondientes:

Celda B5: la tasa de descuento o k.

Celda B6: la inversión inicial (siempre en negativo).

Celdas B7 a B9: cada uno de los tres ingresos previstos cada mes.

En la celda B11, deberás escribir la siguiente fórmula de Excel: =VNA(B5;B7:B9) + (-B6) (fíjate que en la fórmula uno es punto y coma y el otro es dos puntos). Comprobarás que el resultado del VAN será igual a 110,90 (puede que exista alguna diferencia de decimales al hacerlo en Excel o en calculadora).

b) Cálculo del TIR

Ahora pasarás a calcular la tasa de descuento que hace que el VAN sea igual a cero, lo que significa que debes despejar la k de la siguiente fórmula:

$$0 = -3.000 + \frac{500}{(1 + k)^1} + \frac{1.000}{(1 + k)^2} + \frac{2.000}{(1 + k)^3}$$

Te recomendamos que este cálculo lo hagas en Excel, ya que una vez que empiezan las ecuaciones de 2º grado se hace bastante complejo. A continuación te lo explicamos con una hoja de cálculo.

Mira la siguiente imagen:

	A	B	C	D
1				
2		**Cálculo del TIR en Excel**		
3				
4				
5				
6		-3000		
7		500		
8		1000		
9		2000		
10		500		
11	TIR	6,601%		

El TIR lo hemos calculado de la siguiente forma: introduce estos valores en las celdas correspondientes:

Celda B6: la inversión inicial (siempre en negativo).

Celdas B7 a B9: cada uno de los tres ingresos previstos cada mes.

En la celda B11, deberás escribir la siguiente fórmula de Excel:

=TIR(B6:B9)

Comprobarás que el resultado del TIR VAN será igual a 6,601% (en este caso el TIR es mayor que k (5%), lo que significa que el proyecto de implantación de redes sociales durante estos tres meses es viable en términos de rentabilidad.

Interpretación cuando la empresa posee el dinero o importe para invertir (no pide prestado)

Valor	Significado	Decisión a tomar
TIR ≥ k	El proyecto da una rentabilidad mayor que la rentabilidad mínima requerida (k es el coste de oportunidad)	El proyecto puede aceptarse
TIR < k	El proyecto da una rentabilidad menor que la rentabilidad mínima requerida (k es el coste de oportunidad)	El proyecto debería rechazarse

Interpretación cuando la empresa no posee el dinero o importe para invertir (pide prestado)

Valor	Significado	Decisión a tomar
TIR > k	La rentabilidad que nos está requiriendo el préstamo es mayor que k, nuestro coste de oportunidad	El proyecto debería rechazarse
TIR < k	La rentabilidad que nos está requiriendo este préstamo es menor que k, nuestro coste de oportunidad	El proyecto puede aceptarse

Importante: fíjate que el TIR refleja una gran diferencia si el proyecto es del tipo invertir con recursos propios, es decir, invertir sin pedir prestado, o si el proyecto es del tipo pedir prestado, así que la decisión de aceptar o rechazar un proyecto se toma justo al revés dependiendo del caso.

¿Te das cuenta ahora por qué tan pocas personas o agencias saben cómo valorar o medir los beneficios monetarios en redes sociales?

5. Beneficio también es, por ejemplo, ahorro, menor coste y mayor productividad

Los principales problemas que tienen las empresas para medir el beneficio de las redes sociales provienen de tres aspectos:

1. La definición del período de espera necesario para percibir el retorno de la inversión.

2. La estimación de costes y gastos.

3. La identificación de la mejor forma para medir dichos beneficios.

Como cada empresa (y cada caso) es un mundo, todo lo anterior dependerá del tiempo que tarda una estrategia en generar retorno, que varía dependiendo de su naturaleza y del grado de absorción de las nuevas tecnologías (redes sociales, marketing digital y social media) por parte de la empresa.

En general, y según nuestra experiencia, los verdaderos beneficios de la inversión en redes sociales llegan al año de empezar de forma coherente (no tenemos en cuenta el período en el que usaban redes sociales sin una estrategia formal). En algunos casos, sobre todo en empresas B2B, a los dos o tres años.

La mayoría de las empresas cometen errores al identificar este intervalo de espera, lo que puede conducir a una toma de decisiones errónea y, en ocasiones, a dejar de invertir en redes sociales pensando que los resultados se obtendrán mañana mismo (en algunos casos, casi de manera literal).

Por otro lado, a diferencia de los costes de inversión en temas digitales, más fáciles de cuantificar, el cálculo de los beneficios no es sencillo cuando hablamos de redes sociales: una inversión en redes sociales, equipo humano y herramientas podría generar tanto beneficios tangibles como intangibles. Además, dado que el uso de estas nuevas tecnologías se aplica a prácticamente todos los departamentos de una empresa y a todos los procesos de negocio, resulta difícil separar los beneficios procedentes de una inversión específica en redes sociales de aquellos que se derivan de otras inversiones.

5.1. Factores que influyen y que son parte del proceso de obtención de beneficios

Hay factores primordiales que también representan un beneficio y que analizaremos a continuación:

1. Productividad.

2. Reducción de los costes y aumento del ahorro como consecuencia del uso de las redes sociales.

3. Incremento en la participación de la cuota de mercado (*market share*).

4. Resultados de desarrollo de nuevos productos o servicios.

5. Mejora de la calidad de productos y servicios existentes.

Cuando invertimos en redes sociales, les estamos dando algo a nuestros clientes potenciales (usuarios en la red) con el objetivo de que puedan conseguir algo útil, bueno, mejor.

Piénsalo un momento; inversión no siempre significa dinero. De hecho, se puede invertir de muchas formas. Seguro que has invertido tu tiempo en una relación, en tus estudios, en el trabajo, en algún *hobby* o en otras actividades que consideras que te aportan beneficios, ¿verdad?

De la misma forma que puedes invertir en cualquiera de estas situaciones esperando algún tipo de beneficio a cambio, también puedes invertir dinero, como empresa, como emprendedor o consultor en una estrategia de redes sociales esperando asegurar un retorno de la inversión que garantice mantener un nivel de rentabilidad de la empresa en una período o para afrontar nuevos proyectos de futuro.

Invertir dinero en social media representa poder obtener algún rendimiento a futuro, ya sea por la venta o facturación de servicios y productos, o por todos estos factores que te vamos a explicar en detalle a continuación:

1. Productividad

¿Qué es productividad en redes sociales? Puede definirse como la relación entre la cantidad de contenidos, interacciones y reacciones producidos y la cantidad de recursos utilizados. En la inversión de tiempo, la productividad sirve para evaluar el rendimiento del recurso material y humano.

Productividad en términos de las personas que forman parte de nuestro equipo es sinónimo de rendimiento. En un enfoque más sistemático podemos decir que un profesional de las redes sociales es productivo cuando con una cantidad de recursos asignados y durante un período de tiempo dado obtiene un número equis de algo predeterminado. A ese algo le llamamos objetivos.

Para que un negocio pueda crecer a través del uso de redes sociales y aumentar así los beneficios, necesita mejorar su productividad. Y es precisamente el uso de métodos innovadores y estudios de tiempos dentro del empleo de las redes sociales el instrumento fundamental para originar una mayor productividad.

La productividad en social media viene dada por los siguientes factores:

- La mejora de respuesta en los tiempos de atención al cliente.

- La optimización de los tiempos de comunicación externa e interna.

- La rapidez en la difusión de nuevos productos o servicios.

- La mejora de los tiempos de gestión de elementos publicitarios.

- La eficiencia resultante del uso de las herramientas 2.0 como parte de sus características técnicas.

- La optimización de las actividades de marketing tradicional.

- La eficiencia del proceso de venta tanto *online* como en tienda física.

- La eficacia de las redes sociales aplicadas a eventos presenciales, ferias y otros similares.

Es evidente que el uso coherente de las redes sociales disminuyen la ineficiencia, y esto da como resultado un aumento de la productividad. La eficiencia es el límite de la productividad. La productividad óptima en redes sociales es el nivel de eficiencia para el cual fue pretendido el plan de social media.

2. Reducción de los costes y aumento del ahorro como consecuencia del uso de las redes sociales

Los costes en los que impactan de forma positiva las redes sociales en una empresa ya instalada están casi siempre dentro del desarrollo de los procesos de producción.

Por otro lado, el ahorro que genera está más disperso y depende más del tipo de empresa, de su tamaño, de los departamentos que permitan la entrada de las redes sociales en sus procesos, así como de otros factores menos operativos.

Dentro de los costes y gastos donde más positivamente impactan las redes sociales, tenemos los siguientes:

A. Costes técnicos y administrativos. Las redes sociales pueden reducir algunos costes vinculados a la estructura técnica y administrativa de una empresa, como compras, almacén, atención al cliente y envíos, debido a que permiten encontrar mejor propuesta de servicio en un tiempo récord.

B. El buen desempeño de las funciones comerciales dentro de la red. Dependiendo del tipo de empresa, producto o servicio, las redes sociales pueden evitar las acciones conocidas como de «puerta fría» al hacer que los comerciales (vendedores) puedan realizar acciones de reconocimiento de necesidades desde un ordenador e ir a tocar puertas solo cuando sea necesario.

C. Gastos relacionados con Recursos Humanos. Por ejemplo, es posible reducir los gastos de reclutamiento y selección por medio de una estrategia de búsqueda de candidatos a través de las redes sociales. En algunas empresas en las que hemos implantado estrategias de selección 2.0 hemos conseguido un ahorro de hasta un tercio de estos gastos, con la consiguiente calidad de los candidatos en comparación con otros métodos más tradicionales.

D. Gastos de publicidad. Todos aquellos gastos necesarios para dar a conocer los productos o servicios de la empresa pueden reducirse de manera que la empresa no los necesite en lo absoluto. De hecho, hay empresas que han dejado de usar la publicidad tradicional una vez han visto cómo las redes sociales podían suplir esa necesidad, y no necesariamente traspasando la publicidad a la red, sino utilizando otras técnicas muy efectivas de difusión.

E. Información. Todos los colaboradores de la empresa pueden beneficiarse de las bondades de las redes sociales a través de las publicaciones que se realizan a diario, ya que funcionan mucho mejor que un tablón de anuncios tradicional. Lo mejor es que todos pueden leer aquello que se publique sin necesidad de desplazamientos.

F. Conocimiento colectivo. El aprendizaje que cada colaborador lleva a cabo de sus propias funciones durante el tiempo que permanece en la empresa se pierde cada vez que esa persona decide irse a otro lugar. Las redes sociales son un buen canal en el que depositar toda la información que las personas aprenden para que no se pierda.

3. Incremento en la participación de la cuota de mercado (*market share*)

El *market share* es la penetración o el peso que tiene una empresa o marca en un mercado específico, es decir, es el trocito de volumen físico o cifra de negocio que posee de un sector en comparación con sus competidores. Estas cifras son obtenidas mediante investigaciones y estudios estadísticos y poblacionales.

Está comprobado que las redes sociales hacen crecer la participación de la empresa y sus marcas en el mercado al que pertenecen, partiendo de las cifras de venta o volúmenes vendidos, totalmente demostrables a través de estas herramientas:

- La monitorización del tráfico o visitas que ha recibido el sitio desde que la empresa vende productos o servicios.

- El crecimiento de su base de datos.

- La comparación de la conversión de clientes potenciales en ventas como producto del uso de las redes sociales a través de marcadores técnicos, como los códigos UTM[2].

4. Resultados de desarrollo de nuevos productos o servicios

Las redes sociales tienen una especie de magia, y es que pueden ayudar a crear un producto o rehacerlo de muchas maneras. Un concepto antiguo puede convertirse en algo nuevo y al mismo tiempo puede convertirse en un nuevo producto y/o servicio.

Te damos un ejemplo. Seguramente habrás escuchado los conceptos *Inbound Marketing* o *Growth Hacking.* Pues bien, estas dos técnicas no son algo nuevo; son técnicas que ya existían y que alguien reinventó difundiendo estos términos a través de la red para que otros se hicieran eco de ellas.

El *Inbound Marketing* es la simple aplicación de psicología de comunicación (de toda la vida) a través de elementos colocados en un sitio web que, ayudados de las redes sociales, generan ventas.

El *Growth Hacking* es la unión de varias técnicas modernas ya existentes que, puestas en conjunto, aportan una mejor solución a un problema.

El problema de los productos nuevos es que son nuevos solo durante un período limitado. Así que simples cambios secundarios aplicados a un producto ya existente pueden convertirlo en otro producto nuevo.

Otra ventaja de las redes sociales es que pueden difundir un producto existente a nuevos mercados que lo considerarán nuevo.

Las redes sociales aportan actitud de innovación, que es una filosofía paralela a la del concepto de marketing tradicional.

En definitiva, las redes sociales ayudan a vender más, debido a que las personas que están en la red perciben la innovación como un todo, así que las nuevas tecnologías asociadas a un producto o servicio que parece nuevo hacen que este resulte más atractivo y, por lo tanto, más vendible.

5. Mejora de la calidad de productos y servicios existentes

Mejorar la calidad puede tener múltiples interpretaciones debido a que esto no depende necesariamente de la empresa, sino del nivel de satisfacción del cliente.

Las redes sociales ayudan a mejorar la calidad de los productos y servicios de la empresa como resultado de todo el conocimiento colectivo que se puede adquirir desde los comentarios y conversaciones que generan tanto los clientes como los que están interesados en tu marca.

De hecho, incluso si se trata de productos y servicios de otras marcas, el conocimiento que se adquiere desde cualquier comentario de un cliente ya genera un beneficio aprovechable que puede incidir en cómo desarrollaremos o mejoraremos nuestros propios productos y servicios.

La clave para conseguirlo es tener una herramienta que nos permita la configuración semántica y dinámica de lo que queremos escuchar, o lo que es lo mismo, ser capaces de separar la información clave de la irrelevant´e desde el momento en que se produce la primera mención por parte de los clientes potenciales.

Recomendación:

Existen varias herramientas de seguimiento de palabras clave, algunas gratuitas (no tan efectivas) y otras de pago. Si tuvieses que elegir alguna de las de pago, te recomendamos BrandChats, una herramienta *made in Spain* que habla tu idioma y te entiende. Otra ventaja es que si tu público objetivo está en Cataluña, por ejemplo, pueden configurar sus parámetros y adaptarlos para que puedas hacer el seguimiento en catalán.

Es importante que te des cuenta de que la información sobre tu marca no tiene utilidad en sí misma a menos que esté relacionada con la experiencia relatada por tus usuarios o clientes. Por ejemplo, cuando nos tocó realizar la formación a todo el departamento de atención al cliente de un importante banco de España, nos dimos cuenta de que la experiencia de los clientes en el sector bancario ocupaba el 30% de la conversación total. Así que si no dispones del tiempo suficiente, no malgastes el otro 70% del trabajo leyendo datos que no te interesan para saber cómo aumentar la calidad de tus productos o servicios.

Introducir un nuevo producto o servicio significa que debes medir su calidad percibida, sin dejar de lado cómo se observa también la diferenciación del mismo en el mercado y verificando si supera o no a tus competidores.

Para que puedas medir en términos de beneficio cómo afectan las redes sociales a la calidad de tus productos o servicios te aconsejamos las siguientes iniciativas:

1. Establecer un parámetro que pueda medir la relación de tu empresa con las audiencias relevantes para ti (clientes potenciales), así como la relación de estas con tu competencia. Herramientas como las que te recomendaremos en el último capítulo de este libro son la mejor opción para este tipo de medición.

2. Definir todo lo que tu empresa debería hacer en términos de acciones, mejoras y optimizaciones que afectan a la rentabilidad una vez que sepas cómo lo escuchado a través de redes sociales va a influir en las decisiones y las actividades genéricas de la cadena de producción.

3. Identificar las circunstancias bajo las cuales estos límites y relaciones deberían cambiar para aumentar y proteger la ventaja competitiva de la empresa.

6. La satisfacción del cliente: el beneficio olvidado cuando hablamos de redes sociales

Si alguna vez has preguntado o reclamado algo a una empresa a través de sus redes sociales, entonces no necesitas convencerte de lo eficientes y beneficiosas que pueden resultar como canal para atender a tus propios clientes, pero solo si son bien gestionadas.

Desde el punto de vista de los resultados, representan una herramienta que supone una mínima inversión tanto en elementos técnicos como en recursos humanos para que funcionen de manera rentable para la atención al cliente en una empresa.

No obstante, las ventajas de poder gestionar clientes a través de estos medios requiere de un conocimiento que va más allá del mero trámite administrativo de los canales tradicionales, ya que se trata de canales públicos donde las conversaciones entre cliente y empresa pueden ser vistos e interpretados por otras personas, lo que representa tanto una ventaja como una desventaja, dependiendo de la preparación de las personas que lleven a cabo esta labor.

Pero ¿qué beneficios monetarios aporta la atención al cliente a través de redes sociales?

Te dejamos un listado con los principales beneficios que hemos encontrado y medido en las decenas de estrategias de atención al cliente que hemos implantado en las empresas que hemos asesorado tanto en España como en Estados Unidos y Latinoamérica.

1.	Respuestas que se convierten en dinero

Imagina que un posible cliente (usuario) pregunta lo siguiente: «¿me podrían decir si el producto equis sigue funcionando si lo sumerjo en agua?».

¿Qué le responderías? La mayoría lo hace de manera desventajosa; es decir, respondiendo que sí o que no con alguna explicación, siguiendo un parámetro tradicional, como si la persona estuviese preguntando por teléfono. Pero por muy profunda que sea la explicación, no terminará nunca siendo una respuesta estratégica ni una que genere beneficios. Ahora verás por qué.

Imagina que en lugar de darle esa explicación le dices que si te deja un correo electrónico le podrás enviar un PDF con todas las características técnicas del producto junto con una explicación técnica sobre su pregunta, así como algunos enlaces a artículos del blog de la empresa que hablan sobre ese tema, y así podrá saber todo lo que necesita saber.

La clave ha sido pedirle el correo electrónico y darle enlaces al blog de la empresa, ya que al tener su *e-mail* es posible convertir a ese cliente potencial en un *lead* y luego en un cliente real al cual poder fidelizar cuantas veces sea necesario. Además, al proporcionarle enlaces generará más tráfico y posicionamiento a los sitios de la empresa.

Es decir, tenemos en una única respuesta tres generadores de dinero: tráfico, posicionamiento y base de datos. Nada mal, ¿verdad?

En conclusión, las dudas y preocupaciones de los posibles clientes nos ayudan a preparar respuestas que generan beneficio.

2. Vinculación

Los clientes que han tenido una experiencia positiva con tus productos o servicios están muy dispuestos a recomendarlos. Esto es resultado de la vinculación que puedes conseguir con tu marca y tus clientes al fomentar las recomendaciones en redes sociales, lo que de nuevo genera más tráfico y visibilidad, elementos generadores de beneficio monetario.

3. Ahorrar costes en la gestión de futuras incidencias

A través de un canal de atención al cliente en redes sociales puedes recibir alertas sobre menciones negativas que afectan a un producto y servicio, lo que te posibilita reaccionar de forma rápida y efectiva, con lo que a su vez puedes ahorrar en costes futuros de gestión de casos similares. Ahí también hay beneficio monetario.

4. Aumento del valor monetario del cliente

Es bien sabido que los clientes más fidelizados gastan entre un 30% y un 40% más en productos y servicios. Por lo tanto, utilizar las redes sociales como servicio de atención al cliente puede ser una opción muy rentable para tu empresa.

Fidelizar a través de la red en vez de hacerlo a través de métodos tradicionales es mucho más económico y reporta más beneficios monetarios debido a que proporciona una relación con el cliente más efectiva. Las redes sociales son un canal que permite conectar de forma directa y eficiente, y la mayoría de los consumidores que utilizan redes sociales para contactar con las marcas seguirán haciéndolo si obtienen una experiencia positiva de ellas.

5. Satisfacción

Los comentarios de los clientes te permiten mejorar una de las variables más rentable en términos de atención al cliente: la satisfacción.

La rapidez de los tiempos de respuesta no solo satisface a los clientes, sino que los mantiene volviendo a tu marca por mucho tiempo. Seguro que has escuchado que es menos rentable conseguir a un cliente nuevo que lograr que uno existente nos vuelva a comprar. Pues es así.

En términos monetarios, la satisfacción representa una de las variables financieras más monitorizadas por los responsables de las empresas.

6. Genera nuevas oportunidades de negocio

Las redes sociales como canal de escucha a los clientes, permiten un mejor acercamiento al estrechar el vínculo con la marca. Esto genera una confianza mayor que da como resultado una mejor comunicación. Gracias a ello es posible conseguir propuestas que bien gestionadas generarán negocio y beneficios para tu marca.

Al mismo tiempo, la información que nos transmiten los usuarios a través de las redes sociales puede ayudarte a mejorar tu marca desde diversos puntos. Por ejemplo, optimizando productos, mejorando la comunicación y los contenidos, incluso enriqueciendo el propio servicio de atención al cliente tradicional.

7. Conocer mejor a tu cliente

Seguro que alguna vez has entrado en alguna tienda en la que tú sabías más sobre un producto que el propio dependiente. Esto es el resultado de la sobreinformación a la que nos sometemos cuando nos interesa algo.

Conocer este hecho nos permite optimizar las respuestas en la atención. Saber las características de nuestros clientes, sus gustos, sus temas de conversación, su localización, edad y otras variables relevantes nos aportará valiosa información para la gestión de nuestra marca. Todo esto se traduce en beneficios monetarios.

8. Visibilidad a través de las recomendaciones

Cada vez que un cliente queda satisfecho a través de la respuesta recibida en una red social deja la puerta abierta para que esa persona difunda de inmediato su satisfacción a través de la misma red debido a que ya está ahí. No le cuesta nada, por lo que es probable que su nivel de satisfacción le motive a compartir su buena experiencia con tu marca.

Esa visibilidad, como ya hemos expuesto antes, se convierte en dinero debido a que genera reconocimiento de marca y más visitas; es decir, más tráfico y posicionamiento.

9. Medir los resultados de tus acciones

Otro aspecto que debes tener en cuenta y que te ofrece la atención al cliente en redes sociales es el control de tus métricas, aspecto que te permite verificar si tus acciones están dando los resultados esperados.

Las variables que te recomendamos medir son estas:

- Número de preguntas respondidas *versus* número total de preguntas.

- Número de incidencias resueltas *versus* número total de incidencias.

- Temas o aspectos más solicitados o mencionados.

- Tiempo medio de respuesta.

- Tiempo medio de solución de incidencias.

- Menciones negativas, positivas y neutras.

- Nivel de satisfacción del cliente.

Como has podido comprobar, mantener un perfil de atención al cliente en redes sociales es una clara ventaja para tus clientes y para tus potenciales clientes, y al mismo tiempo representa un canal que aporta beneficios tangibles para tu empresa.

El acceso rápido al servicio, la atención inmediata y la transparencia del canal generan beneficios bastante claros. Además, aumentan la credibilidad y mejoran la imagen, porque resolver incidencias y dar respuesta a preguntas es una buena manera de conseguir clientes fieles que seguramente recomendarán la marca a otras personas.

CÓMO MONETIZAR EL USO DE LAS REDES SOCIALES SIN PAGAR POR PUBLICIDAD

5

1. Cómo saber cuál es el objetivo adecuado para tu empresa

¿Sabes qué objetivos elegir? ¿Cómo puedes saber qué objetivos serás capaz de alcanzar con las redes sociales de tu empresa? ¿Cómo sabes cuáles harán crecer más rápido a tu empresa?

Lo primero que cualquier empresa debe entender es que los usuarios (posibles clientes) están ocupados en sus cosas y no quieren ser interrumpidos. Pero a pesar de ello, pasan mucho tiempo en redes sociales hablando sobre las cosas que les gustan, cosas que probablemente vendes tú.

Así que tu primer objetivo es hacer que compren desde esas redes sociales sin que les vendas nada en redes sociales. Parece contradictorio, ¿verdad? Pues no lo es. Al terminar de leer este libro lo verás mucho más claro.

1.1. De acuerdo, lo has entendido. Pero ¿cómo los denominas: metas u objetivos?

En la práctica, las palabras «metas» y «objetivos» son sinónimas, pero en un contexto de redes sociales tienen una marcada diferencia a la hora de ser definidos.

Durante estos años que llevamos gestionando distintas cuentas en diversos sectores, y hemos visto que la mayoría de los directivos en las empresas tienen una idea equivocada de lo que son las metas y los objetivos, cuando se trata de redes sociales, así que lo mejor es que despejemos dudas en ese sentido, debido a que vamos a utilizar estas dos palabras con frecuencia y necesitamos que entiendas la diferencia entre una meta y un objetivo en términos de social media.

En su momento expusimos esa diferencia en nuestro libro *Cómo preparar un plan de social media marketing:*

Meta: define o establece un fin, es decir, es el destino final, la situación o estado al que deseamos llegar como organización, una vez hemos integrado elementos de social media marketing.

Objetivo: representa un elemento específico (generalmente varios) que puede ser medido (posee un valor) de forma cuantitativa o cualitativa, basado en un término temporal y finito relacionado con cualquier aspecto incluido en el plan de social media marketing.

Es decir, las metas son el destino final a donde deseamos llegar (con un enfoque bien definido), mientras que los objetivos nos dicen de forma medible si estamos cumpliendo con la ruta que nos llevará a alcanzar la meta (o metas).

Pondremos un ejemplo que utilizamos con nuestros alumnos de máster y posgrado: si un equipo de fútbol europeo quiere ganar la Champions, estaría fijándose una meta. Para llegar a esa meta tendrá que cumplir con el objetivo de ganar cada partido de eliminatoria. ¿Lo has pillado?

Veamos un ejemplo concreto de monetización, que es el tema central de este libro: si la meta de una empresa es incrementar la facturación a través de una tienda *online,* uno de los objetivos estaría centrado en el tráfico (número de visitas) que es necesario para facturar una cantidad específica de dinero en un espacio de tiempo determinado.

Otro ejemplo, esta vez en función del impacto que tiene el posicionamiento en Google asociado a las publicaciones en redes sociales: si la meta de una empresa es aparecer entre los primeros resultados de Google con alguna palabra en concreto, el objetivo sería entonces fijar un lapso de tiempo en el que conseguir el posicionamiento deseado para cada una de las palabras claves.

1.2. Cómo determinar objetivos medibles para redes sociales

Un factor común presente en la mayoría de las empresas que nos piden asesoría es el hecho de no saber determinar ni identificar sus objetivos en redes sociales. El principal motivo de esto es que las personas que toman las decisiones aún piensan que las redes sociales son algo aparte de la empresa y que solo tiene relación con Marketing, lo que deja a las redes sociales sin una conexión con el modelo de negocio.

Así que el primer paso es entender que las redes sociales no son algo superfluo y que pueden pasar a ser parte integral del plan global de la empresa como piezas indispensables para generar beneficios monetarios para la misma.

Consejo para empresas:

Una de las primeras preguntas que debes hacerte es si tu empresa debe estar en todas las redes sociales. La respuesta es que no tiene que estar en todas, así que debes determinar en cuáles sí tiene que estar, tanto en función de la audiencia como del tiempo y presupuesto del que dispongas.

Reflexión en un tuit

«Cada una de las acciones en redes sociales responde a unas metas y objetivos. Al conjunto de estas acciones mezcladas con herramientas se las conoce como estrategia», **María Redondo (@mariaredondo).**

Para poder determinar metas y objetivos en redes sociales es necesario poseer antes metas y objetivos de negocio, así como un plan para alcanzarlos, con lo cual los objetivos en redes sociales serán los objetivos relacionados con el uso de estas plataformas que ya forman parte de los objetivos comerciales de la empresa.

Las metas seguirán siendo las mismas, pues, como ya hemos explicado con anterioridad, una meta es el propósito principal de cualquier empresa.

Te explicaremos cómo definir tus metas y objetivos con el siguiente ejemplo. En una reciente reunión con un nuevo cliente, uno de los participantes comenzó diciendo: «nuestro objetivo es utilizar TikTok para llegar a más personas debido a que sabemos que es la red que más está creciendo en la actualidad. ¿Qué os parece?».

Nuestra respuesta fue: «¿de verdad pensáis que vuestros clientes están en esa red?». Hicimos esta pregunta porque era evidente que habían llegado a la errada conclusión de que estar en una red equis ya representa un objetivo en sí mismo.

Luego agregaron: «hemos leído un artículo en una revista de tecnología que habla sobre el impacto que tiene TikTok en la actualidad y queremos un poco de ese impacto».

Les respondimos que de nada sirve tener presencia en una red social solo porque está creciendo sin antes averiguar si nuestro público objetivo está en dicha red.

Después de demostrarles lo que les decíamos con números y hechos, les convencimos de que las redes sociales son canales, no son el fin y, sobre todo, que las redes sociales por sí solas no tienen ningún sentido, pero que integradas en una estrategia de negocio con objetivos y metas definidas se convertían en una herramienta muy poderosa.

Así pues, las metas representan cualquier aspecto de negocio que la empresa quiera alcanzar en un tiempo determinado, y los objetivos son los elementos medibles que nos permitirán llegar a esas metas. A continuación presentamos un listado de algunos de los objetivos que más hemos desarrollado en nuestras estrategias en redes sociales:

- – Aumentar la visibilidad de la marca.

- – Incrementar el tráfico al sitio web.

- – Incrementar la base de datos (*leads*).

- – Mejorar el posicionamiento en motores de búsqueda.

> **Reflexión en un tuit**
>
> «Debes encajar los objetivos en redes sociales dentro de los objetivos de negocio de la empresa; todas las acciones que realices para alcanzarlos deberían generar monetización», **Marta Emerson (@martaemersonme).**

2. Cómo diseñar estrategias que ayuden a cumplir con tus objetivos

Diseñar una estrategia es lo mismo que elaborar un plan. En este caso, un plan para la gestión de redes sociales se llama plan de social media marketing.

La mayoría de quienes no trabajan con redes sociales piensan que una estrategia de social media consiste en publicar información y noticias que la empresa considera interesantes, cuando en realidad se trata de un trabajo mucho más complejo y estratégico.

Como en cualquier plan, un plan de social media marketing posee una estructura y unos pasos que se complementan unos con otros, para lo cual necesitarás disponer de la mayor cantidad de información posible sobre el negocio al que vas a aplicar la estrategia.

Un plan de social media marketing está fundamentado en los siguientes pasos:

- – Auditoría de redes sociales o análisis de situación.
- – Identificación de la audiencia.
- – Revisión de la web y el blog.
- – Revisión del posicionamiento y la reputación.
- – Identificación de la competencia.
- – Definición de objetivos cualitativos y cuantitativos (KPI).
- – Elección de las redes sociales y otras herramientas.
- – Determinación de acciones y campañas.
- – Medición y monitorización.

Antes de empezar a desarrollar cualquier apartado, comienza analizando de manera detenida la situación de la empresa en su conjunto. Saber en dónde estás es lo único que te ayudará a determinar hacia dónde ir.

En ese sentido, te recomendamos revisar el libro *Cómo preparar un plan de social media marketing.* Se trata de un texto que se complementa a la perfección con el contenido que estás leyendo y en el que te explicamos con claridad cómo diseñar una estrategia o plan de social media marketing.

3. Cómo monetizar con una estrategia de posicionamiento

3.1. ¿Qué importancia tiene Google cuando desarrollamos una estrategia en redes sociales?

¡Toda! De hecho, Google es el epicentro de casi todo lo que harás en la red. Las redes sociales son solo vehículos, son como los taxis que llevan a tus posibles clientes a los lugares en los que puedan verte mejor y decidir si consumen tus productos y servicios, y esos taxis debes proporcionarlos tú.

Cuando escuchas a alguien hablar sobre SEO o posicionamiento en Google, seguro que lo primero que viene a tu mente es tu web, pero es importante que sepas que Google también tiene en cuenta todo lo que publicas en redes sociales, incluyendo tus perfiles, y por eso es fundamental que sepas establecer acciones que ayuden e impulsen ese posicionamiento.

Google lee (indexa) toda la información que publicas en tus redes sociales. De hecho, esas publicaciones son incluidas en sus algoritmos de búsqueda. Pero ¿cómo afecta esto a tu facturación y a la monetización del uso de redes sociales?

Te lo explicamos desde dos puntos de vista:

1. No estar bien posicionado en Google supone perder la oportunidad de ser elegido por tus posibles clientes y al mismo tiempo te hace invisible a quien esté buscando lo que vendes.

2. Estar bien posicionado en Google es una gran oportunidad para que las personas que no conocen tus productos y servicios te encuentren y, mejor aún, decidan comprarlos.

Así que el beneficio y la monetización son resultado de las oportunidades que ofrece el hecho de estar en la primera (o segunda) página de Google. A mayor cantidad de veces que las personas encuentren tus contenidos, mayor es la probabilidad que tienes de ser elegido como proveedor de tus productos y servicios.

Se estima que una empresa o marca puede aumentar sus ventas hasta en un 55% con solo aparecer de forma orgánica en la primera página de Google. Y las redes sociales tienen mucho que ver con este fenómeno.

Cuando Google rastrea una red social, cada publicación debería ser considerada como una web en sí misma. Sin embargo, la gran cantidad de contenido que vertemos a las redes sociales, así como la velocidad a la que se mueven, hacen imposible que Google pueda analizarlas tan a fondo.

Pero esto no significa que nuestras redes sociales no tengan relevancia para Google.

Google utiliza Twitter, YouTube y Pinterest, por ejemplo, para descubrir nuevo contenido que indexar, es decir, para encontrar nuevos factores de indexación que con posterioridad harán que tus publicaciones estén en los resultados de búsqueda de manera más efectiva.

Por lo tanto, es importante que cuestiones cada publicación y que averigües si el contenido que estás publicando en tus redes sociales constituye información relevante para Google, pero sobre todo descubre si lo que estás publicando es de verdad útil para tus clientes potenciales, cosa que puedes hacer a partir de las interacciones que se crean con tus publicaciones.

Con el tiempo, el SEO de Google ha dejado de ser un frío calculador de algoritmos. Ahora, el contenido publicado en cualquier lugar, la forma y el contexto en el que se publican son factores humanos que Google también quiere analizar y que pueden marcar la diferencia con respecto a lo que haces en redes sociales.

Factores como cuántos retuits, cuántas personas compartieron ese u otro contenido, así como el lapso de tiempo que tardó en compartirse son elementos que Google tiene en cuenta a la hora de indexar contenido.

Nota:

Uno de los secretos mejor guardados en cuanto a posicionamiento en Google es cómo funciona Pinterest como herramienta de posicionamiento.

Se ha comprobado que puede llegar a posicionar hasta cuatro veces mejor que un blog debido a que Google la tiene muy en cuenta en su algoritmo de indexación, por lo que te recomendamos que la tengas muy en cuenta para tu estrategia.

3.2. ¿Qué puedes hacer para mejorar tu posicionamiento en Google a través de las redes sociales?

1. Mantén activas tus redes. Si tienes una red, úsala. Generar contenido en tus redes sociales siempre es positivo, más que nada porque facilita el trabajo a Google, siempre y cuando ese contenido sea relevante y útil.

2. Facilita las interacciones en tus redes. Para ello tendrás que analizar qué tipo de contenido gusta más y cuál posee mayor interacción con tus seguidores. No sirve de nada tener 100.000 seguidores si ninguno comenta, comparte o hace clic en los enlaces que publicas.

3. Publica información que demuestre utilidad. Aquello que publiques en tus redes sociales debe resultar útil y fiable.

4. Cómo monetizar con una estrategia de reputación *online*

¿Recuerdas que en el primer capítulo te hablamos sobre reputación *online?* Ahora vamos a sacarle provecho.

¿Comprarías algo que te han dicho que no funciona o que se daña con facilidad? No, ¿verdad? Nosotros tampoco. De hecho, nadie lo hace. Las recomendaciones son uno de los factores más importantes en el proceso de compra, y una mala reputación en Google o redes sociales es una barrera que aleja a tus clientes de ti.

Por otro lado, poseer una buena reputación puede multiplicar tus ventas, ya que la mayoría de los consumidores se deja guiar por lo que opinan los demás.

La reputación se puede calcular de forma matemática, ya que es la suma algebraica de los comentarios positivos, negativos y neutros que hacen los usuarios de internet sobre una marca, producto o servicio durante un período determinado, y al mismo tiempo es el prestigio o rechazo que una persona siente por una marca, producto o servicio en internet.

La reputación *online* no está bajo el control de tu empresa, sino de las personas que conversan y aportan sus opiniones sobre ella. Esto es especialmente importante en redes sociales, donde resulta muy fácil y económico verter información y opiniones de todo tipo.

Seguro que has escuchado hablar sobre TripAdvisor. Pues debes saber que muchos hoteles ya deciden los sueldos de sus empleados de responsabilidad según las buenas o malas recomendaciones que hacen las personas que se alojan con ellos.

4.1. ¿Cómo se relaciona la reputación *online* con los resultados monetarios?

Principalmente los factores que aportan dinero son:

- Mejora del posicionamiento (SEO) de los productos y servicios de la marca, lo que se traduce en más visitas y por ende en más resultados de compra.

- Control y gestión de los comentarios de los clientes. Esto quiere decir que a mayor número de clientes satisfechos, mayor número de repeticiones de compra.

- Mayor visibilidad positiva. Se trata de una variable de reconocimiento que da como resultado más facturación debido a la confianza y fiabilidad que genera la marca en medios de difusión masiva.

- Mejor toma de decisiones estratégicas para el desarrollo de la marca. Esto luego se traduce en un mayor conocimiento de los gustos y preferencias de los clientes, lo que a su vez ayuda a la mejora de los productos y servicios, que a su vez deriva en más ventas.

La gestión de la reputación *online* es un proceso complejo que debe medirse y controlarse en el tiempo de forma permanente. A mayor conocimiento de la marca por parte de los usuarios, mayor deberá ser también control y la monitorización.

Fases de la gestión de la reputación *online:*

- Identificación. En esta fase, buscarás todos los comentarios hechos sobre la marca o productos de tu empresa, distinguiendo entre positivos, negativos y neutros, dándoles una mayor prioridad a la identificación de los segundos y contrastando la veracidad de dichos mensajes.

- Monitorización. En esta segunda fase buscarás las herramientas que mejor sirvan para encontrar todos los comentarios que los usuarios de redes sociales y otros canales hacen sobre tu marca o productos. Tendrás que encontrar toda la información que otras personas han publicado haciendo referencia a tu empresa.

- Reposicionamiento. En esta fase, y una vez identificados los autores de los mensajes negativos, realizarás todas las acciones que sean necesarias para hacer que los mismos desaparezcan, o bien que bajen hasta posiciones a las que pocas personas llegarían durante una búsqueda.

Las herramientas que existen hoy en día para monitorizar son muy variadas. Te recomendamos discriminar entre las que son gratuitas y las que son de pago. En el capítulo final de este libro te dejamos algunas de las que más usamos.

Estas herramientas te ayudarán a realizar búsquedas de palabras clave y comparar resultados por tipo de comentario, incluso por regiones, categorías, espacios temporales y servicios web, así como buscar palabras o frase en los buscadores Google, Yahoo, Ask y Bing, y además en los propios buscadores de redes como Pinterest, YouTube y Twitter.

5. Cómo monetizar con una estrategia de visibilidad

Tal y como decíamos en el primer capítulo, un objetivo común para las redes sociales es incrementar la visibilidad, también conocida como consciencia de marca entre la audiencia objetivo.

Las redes sociales te permiten llegar a más gente por un precio más reducido que los canales de marketing tradicionales. Por eso, uno de los objetivos que debes fijarte debería ser aumentar la visibilidad y el recuerdo de la marca entre los consumidores que no conocen tu empresa, productos o servicios.

Al hecho de conseguir que un cliente se sienta atraído por tu sitio y compre algo se le llama social media marketing exitoso y es el simple resultado de haber aplicado sentido común en redes sociales. Algunas personas lo han denominado *Inbound Marketing,* que no es más que eliminar cualquier barrera que impida una venta atrayendo al cliente y facilitando el proceso de compra de los productos o servicios que les interesan donde sea que interactúen con la empresa.

La visibilidad genera atención sobre la marca, y eso es lo que luego las personas asocian con la sensación que la marca les genera cuando la reconocen.

Desde que la publicidad existe, los publicistas han estado trabajando en llamar la atención de los posibles clientes de manera que las marcas, productos o servicios se queden en el recuerdo de la audiencia a la que se dirigen.

Piensa en todas las campañas publicitarias que han dejado huella en ti como consumidor. Seguro que algún anuncio alguna vez ha llamado tu atención, te ha hecho sonreír o ha hecho que compres algo. A eso nos referimos.

Estos anuncios están diseñados para hacer una sola cosa: ser recordados. El reto actual, en la era del social media, es utilizar estrategias innovadoras, que no se parezcan a la publicidad, pero que sigan captando la atención de aquellos que estarían interesados en algún producto o servicio concreto, sobre todo de esas personas que en la actualidad se saltan los anuncios y ya no creen en la publicidad, más o menos el 76% de quienes la reciben desde los medios tradicionales.

El problema, o tu problema, si eres empresario es que seguramente sigues usando tácticas tradicionales de publicidad (anuncios) para darte a conocer frente a audiencias que han evolucionado en su forma de consumir.

Así que la visibilidad de la que hablamos consiste en la consciencia de marca desde el enfoque experiencial, no publicitario. La idea es generar una experiencia en la que la persona se sienta atraída de manera voluntaria a tu producto, sin sentir que la empujas hacia él. Esto lo llamamos en nuestro argot *pull* o *push;* atraer es *pull* y empujar es *push*.

Cuando le explicamos esto a nuestros clientes y alumnos, lo hacemos comparando dos cuentos de toda la vida. El cuento de *Hansel y Gretel* sería el ejemplo de la técnica *pull,* y el de *El lobo y los tres cerditos* sería el de la técnica *push*.

La única forma en la que funciona la técnica de la atracción es la que utiliza y proporciona contenido de valor a tu audiencia, es decir, publicar contenidos que de verdad sean útiles, lo que te ayudará a que te tengan en mente la próxima vez que tomen decisiones de compra.

A lo largo de los últimos años hemos adquirido mucha experiencia gestionando cuentas de empresas B2C y B2B de todos los tamaños, así que sería demasiado fácil mostrarte ejemplos de grandes marcas que tienen presupuestos elevados. En vez de eso, y como sabemos que la mayoría de quienes comprarán este libro tienen o gestionan una pyme, te vamos a enseñar una historia de éxito de esa dimensión.

- Ejemplo de una pequeña empresa B2B que impulsada con una efectiva y modesta estrategia en redes sociales está consiguiendo resultados de una empresa de gran tamaño: CityJobOffers, con una alta visibilidad de marca a través del social media.

¿Búsqueda de candidatos? Es casi imposible no hablar del tema laboral en la actualidad, ¿verdad? CityJobOffers, una empresa que busca candidatos cualificados para otras empresas, eligió una estrategia muy interesante para las redes sociales.

En lugar de centrarse en la publicación directa y tradicional de ofertas de empleo a través de sus perfiles sociales, optó por cubrir las necesidades de sus clientes solucionando los problemas y consultas de las personas que buscan un empleo en las principales ciudades europeas.

CityJobOffers creó un blog corporativo desde donde comparte consejos para los candidatos que buscan un empleo en Europa, con trucos para elaborar el currículo, para responder preguntas en las entrevistas y temas similares, con contenidos relacionados con el mundo laboral y el proceso de selección; una cuenta de LinkedIn desde donde publica estos consejos y se hace eco de los contenidos de otros usuarios que publican sobre este tema; un perfil de Instagram donde cuelga fotografías y contenidos útiles para cualquiera que esté buscando empleo y una cuenta de Twitter que sirve de inspiración y de vitrina a la vez.

El resultado es que CityJobOfficers ha captado la atención de su audiencia en estos canales. El contenido que publica la empresa genera un número interesante de respuestas, demostrando que su audiencia se compromete y participa. Esta relación poco común de consumidor-marca generó una visibilidad de marca tan importante para el negocio y una comunicación tan estrecha con sus clientes potenciales que hizo que una empresa que apenas comenzaba generase el impulso suficiente como para convertirse en un referente en su sector y una de las empresas más buscadas para encontrar candidatos cualificados.

¿Dónde está el beneficio? La visibilidad tiene como resultado el reconocimiento de marca, y ese reconocimiento termina siendo clave para que las personas que toman decisiones se decidan por la opción que les parece más adecuada o atractiva, sobre la base de lo que les es familiar, reconocible y cercano.

6. Cómo monetizar con una estrategia de tráfico

Las redes sociales tienen un enorme potencial para generar ingresos a tu empresa a partir de la información que compartes con tu audiencia. Pero por desgracia muchas empresas no valoran estos canales de comunicación como se merecen porque no miden ni analizan sus resultados.

Dirigir y controlar el *engagement* que generan las redes sociales y aprender a conectar estas acciones con el tráfico que dirigimos hacia una web, es decir, con los clics que realizan los usuarios en nuestros enlaces publicados, es una de las acciones que mejores beneficios reporta a una empresa, sobre todo a aquellas que poseen una tienda *online.*

Para nadie es un secreto que mientras más tráfico se genera hacia un sitio que ofrece un producto, más productos se van a vender. Aquí está una de las claves para convertir las redes sociales en generadoras de dinero usando el trá fico como medio para monetizar cada clic que los usuarios hagan en tus enlaces.

Desde nuestros inicios en la gestión de redes sociales corporativas, siempre hemos escuchado la opinión que afirma que el social media solo funciona para las marcas con productos dirigidos a consumidores finales (B2C).

Nada más lejos de la realidad. Una de nuestras especialidades en The Plan Company es asesorar a empresas B2B, sobre todo a las que no creen en las redes sociales, debido a que el efecto de los resultados que conseguimos siempre sorprende y satisface a nuestros clientes, y eso consigue que nos recomienden a otros posibles clientes.

- Ejemplo de una empresa B2B que ha convertido sus redes sociales en un re-direccionador de tráfico hacia su página web, beneficiando tanto a sus plataformas de ventas intermediarias como a sus clientes finales: Rubi (www.rubi.com), tráfico a través del social media.

La cuestión clave es hacer que tu audiencia preste atención a lo que compartes, así que lo que sea que compartas debe ser útil a quienes pretendes llegar.

Por ejemplo, la fábrica y distribuidora de herramientas para cortar cerámica Rubi, ubicada en la población de igual nombre (cerca de Sant Cugat, Cataluña), ha sido capaz de dirigirse de forma efectiva, a través de sus redes sociales, tanto a sus distribuidores en todo el mundo como a sus clientes finales, las personas que trabajan montando cerámicas en suelos y paredes.

¿Cómo lo ha conseguido? Generando contenido que resulta muy útil a los usuarios finales de sus productos en forma de vídeos en YouTube en los que explican, por ejemplo, cómo hacer mantenimiento de una máquina concreta, cómo cambiar una cuchilla de forma correcta o incluso cómo cortar cerámica de la forma más eficiente.

Luego difunden estos contenidos de altísimo valor a través de todas sus redes sociales dirigiendo el tráfico resultante a su web y a las webs de los intermediarios locales que distribuyen sus productos. Estos contenidos atractivos llevan tráfico a sus sitios mientras ayudan a sus clientes a realizar su trabajo con una mejor comprensión de sus productos.

Es fácil creer que el tráfico es un triunfo sencillo en social media, y muchas empresas intentan conseguirlo a algún nivel a través de las redes sociales, incluso si su objetivo primario es otro. Pero conseguir tráfico es un proceso complejo que requiere un esfuerzo considerable para generar la acción del clic, o bien conseguir que los usuarios se comprometan y compartan tus contenidos en sus propias redes sociales.

Hacer que el tráfico crezca lleva tiempo, y aunque se trata de uno de los objetivos más fáciles de medir, es también uno de los propósitos más difíciles de conseguir, porque necesita tiempo, contenidos útiles y personas que sepan publicarlos de manera coherente.

7. Cómo monetizar con una estrategia de generación e incremento de *leads*

Es un hecho: la mayoría de las empresas no ha establecido aún una estrategia de recolección de *leads* (clientes potenciales) a través de redes sociales. El porcentaje más alto de monetización de las redes sociales viene precisamente de la generación, recolección y posterior gestión de los *leads*.

Cada persona que te deja sus datos es un cliente en potencia, alguien que se ha interesado en tus productos o servicios, y saber eso no tiene precio, pues ese interés puede convertirse en una venta si sabes cómo hacer las cosas bien, es decir, si sabes convencer a ese futuro cliente de que la mejor opción de compra es tu marca.

¿Recuerdas cuando hablamos de *leads* en el capítulo 1? Para este caso y tratándose de redes sociales, los *leads* son usuarios de las redes sociales de tu empresa que han dejado sus datos en un formulario que has dispuesto previamente con el fin de captarlos llevándolos desde dichas redes hasta otro sitio.

A este formulario se le conoce también como *landing page*. Una vez que el usuario te facilita sus datos de forma voluntaria y cumpliendo con todos los aspectos legales relativos a la privacidad de los mismos, pasan a formar parte de la base de datos de una empresa.

Si vas a trabajar en entornos de marketing digital y social media, mejor que empieces a llamarlos *leads:* aunque se trata de un término anglosajón, es el más aceptado.

La mayoría de las veces, las personas dejan sus datos cuando les ofreces un contenido de valor a cambio de los mismos, por lo que la generación de *leads* (o las bases de datos resultantes) está íntimamente relacionada con la creación y publicación de contenidos interesantes para un público objetivo.

Según nuestros amigos de InboundCycle (*www.inboundcycle. com*), la reconocida empresa española especialista en marketing de atracción con la que hemos trabajado en algún proyecto conjunto y la que siempre recomendamos a nuestros clientes cuando buscan proyectos concretos de *Inbound Marketing,* se pueden identificar tres tipos de *leads:*

– *Lead* propiamente dicho. Persona que ha descargado alguno de tus contenidos y te ha facilitado su datos más básicos. Suele encontrarse en el estadio denominado *Top of the Funnel,* por sus siglas en inglés (eso del *funnel* es lo mismo que lo del túnel de conversión), por lo que esta persona aún está muy alejada de tomar una decisión de compra. También la llamamos *lead* frío (¡pero no se lo digas!).

– *Lead* cualificado para marketing. Más comúnmente conocido en inglés como *Marketing Qualified Lead* (MQL), que nos indica que la persona se encuentra en la fase *Middle of the Funnel* (MOFU), lo que significa que ha demostrado en repetidas ocasiones interés en tus contenidos. Normalmente, le podrás ayudar a seguir el proceso del túnel de conversión solicitándole más información en los formularios, información que a ti te sirve para descubrir si representa una oportunidad de negocio o no.

– *Lead* cualificado para la venta o *Sales Qualified Lead* (SQL). Se encuentra en la fase *Bottom of the Funnel* (BOFU). Se trata de la persona que está lista para adquirir tus productos o servicios. Son los *leads* o usuarios que han ido avanzando en el túnel de conversión y que responden a una oferta mucho más cercana al producto o servicio que ofreces (una demo o *trial,* una reunión telefónica, una muestra de producto...). El formulario de este tipo de *landing pages* suele ser bastante largo, porque recoge toda la información que nos es necesaria para poder *agendar* el encuentro o la transacción. Hablamos, por lo tanto, de un *lead* caliente.

Recuerda, aunque ya te lo habíamos comentado, que es importante recalcar que el *funnel,* túnel o embudo de conversión (lo llaman de varias formas) define los distintos pasos que tiene que dar un usuario para cumplir con un objetivo determinado dentro de tus sitios en internet, ya sea un registro, una solicitud de algo, una compra o una repetición de compra.

El túnel de conversión sirve para determinar el porcentaje de pérdidas en cada uno de los pasos que el usuario realiza en tu web hasta cumplir el objetivo final, así como qué puntos hay que optimizar con mayor urgencia para conseguir el mayor número de usuarios posibles.

7.1. Técnicas de *Lead nurturing* y *Lead scoring*

El *Lead nurturing* y el *Lead scoring* son dos técnicas complementarias que debes poner en marcha desde el momento en que un usuario anónimo completa uno de los formularios que has colgado en tus sitios, con lo que pasa a convertirse en un *lead* en toda regla. La mayoría de las veces es suficiente con un nombre, apellido y un correo electrónico.

El *Lead nurturing* tiene como objetivo madurar los *leads.* Lo hace a través de cadenas de correos electrónicos enviados de forma automática en las que ofreces a tus *leads,* de forma sistemática, pero coherente, contenidos que les hacen avanzar en el ciclo de compra. Es una especie de filtro de oportunidades de negocio.

El *Lead scoring* consiste en otorgar una puntuación a cada *lead* según las acciones que realiza de forma individual. Cuanto más interactúe con tu página web, redes sociales y con tus contenidos, mayor la puntuación, lo que sugiere un mayor interés en tus productos y servicios. Podrías considerarlo como un *ranking* de oportunidades de negocio.

Estas acciones se aplican, por lógica, a los llamados *leads* propiamente dichos y a los MQL.

Cuando un *lead* ha pasado todo este proceso y decides clasificarlo como SQL, ha llegado el momento que tanto esperabas: ya puedes enviarlo a tu departamento comercial para que cierre la venta, o bien ofrecerle tu producto o servicio de manera directa para que lo compre.

Aunque parece un proceso fácil, la generación de *leads* a través de redes sociales es un arte que se debe llevar a cabo con mucha delicadeza. ¡Recuerda que estamos hablando de personas que sienten, miran y piensan.

La estrategia de generación de *leads* más efectiva para el social media es hacer que la compra sea un proceso súper-fácil cuando el cliente esté listo para realizarla.

Piensa un momento en los perfiles de Instagram que más visitas. Luego piensa en las razones que te ayudarían a tomar la decisión de comprar algo allí. ¿Lo has pensado? Si quieres, puedes ir ahora mismo y entrar en cualquiera de las cuentas de los productos que ya consumes para que te des cuenta de todo lo que tendrías que hacer para poder comprar algo desde allí.

¡Fíjate! Para que cualquier persona pueda realizar una compra desde cualquier perfil de Instagram, primero tiene que ir hasta la información, en la biografía, encontrar la web de la empresa (si es que está allí), luego buscar en esa web cómo realizar una compra y entonces seguir el proceso desde allí, lo que se traduce en cuatro u ocho pasos más... Un proceso demasiado largo (a menos que el perfil de la empresa ya cuente con algún sistema de venta *online* integrado en sus publicaciones).

Pues esa es la experiencia a la que a menudo se enfrentan los usuarios de una cuenta de empresa en Instagram. Lo mismo ocurre en cualquier otra red social, y ya ves que es demasiado tiempo perdido para la mayoría de consumidores, que por naturaleza son perezosos. Si no facilitas el proceso, la gente lo dejará para más adelante y se le olvidará.

Las estrategias más efectivas de generación y gestión de *leads* también identifican la diferencia entre los *leads* del social media y los *leads* que llegan a través de otros canales de marketing. Si haces bien tu trabajo, las relaciones que forjes con las redes sociales se convertirán en ventas. Por eso debes diseñar tu contenido para redes sociales de manera que el proceso de compra sea más fácil, superando las barreras y estableciendo una relación con los clientes antes de que la competencia sepa que ese consumidor existe. Se trata de estar presentes antes de la compra.

A medida que tu empresa se vuelve más activa en las redes sociales, aumentarán las personas que compran tus productos. Si no mides el número de ventas que resultan de esas acciones, el social media no recibirá la importancia que merece en tu empresa.

7.2. Si sabes cómo generar más *leads,* sabrás cómo monetizar tus redes sociales

El social media puede generar de forma efectiva más *leads* para tu negocio. Sin embargo, es importante entender en qué se diferencia un *lead* de redes sociales de otros tipos de *leads* y cómo hacer social media marketing de forma efectiva con ese cliente en potencia para generar una venta.

El hecho de compartir públicamente en redes sociales contenidos que generan *leads* en lugar de contenidos publicitarios, informativos o de ningún interés ni utilidad para el consumidor podría causar un impacto muy positivo en tu empresa. ¿Por qué? Porque las empresas que empezaron abriendo cuentas en Twitter y Facebook entre 2008 y 2010 lo hicieron con la única intención de vender sus productos y servicios, tal y como tradicionalmente lo habían hecho en otros canales más tradicionales.

Lo peor de todo es que todavía, años después, lo siguen haciendo. Así que tienes una gran oportunidad de ser uno de los pocos que puede convertir las redes sociales de una empresa en una fórmula captadora de *leads*.

- Ejemplo SMClassroom sobre generación de *leads*. SMClassroom (www.smclassroom.es) ofrece un modelo interesante de empresa pyme que ha conseguido monetizar la gestión efectiva de sus *leads*.

SM Classroom es un modesto instituto que forma parte de las empresas *partners* (socias) de The Plan Company, que imparte cursos presenciales y talleres sobre temas muy concretos relacionados con social media y marketing digital en varias ciudades, tanto de España como de Estados Unidos y Latinoamérica, produciendo contenidos para su cuenta de Twitter en forma de consejos y recursos para que las personas interesadas en esos temas obtengan más y mejor información.

Usa Twitter para organizar chats, compartir contenidos de valor y responder a las preguntas de los posibles alumnos sobre cómo gestionar redes sociales, y publicar noticias relevantes sobre la actualidad del social media y otros datos interesantes.

Aunque solo tiene presencia en una red social, el contenido que produce es extremadamente relevante para su audiencia y se ha ganado el derecho de hablar sobre sí mismo gracias al gran valor añadido que ofrece. Por supuesto, el secreto de SMClassroom es saber recoger información de contacto de los posibles alumnos que muestran interés en sus cursos para gestionarlos luego como *leads* en el túnel de conversión.

Ahí está la clave: las redes sociales atraen y luego la captación de *leads* genera la monetización.

8. Cómo monetizar con una estrategia de satisfacción al cliente en redes sociales

¿Sabrías cómo utilizar las redes sociales como canal de atención al cliente para monetizar la satisfacción generada?

Existen empresas que destacan a la hora de proporcionar una excelente atención al cliente a través de las redes sociales y saben que es posible monetizar las relaciones que surgen de dicha atención.

Cuando los clientes hacen preguntas sobre tu marca o producto, debes asegurarte de que participas en la conversación desde un enfoque de satisfacción. Si no lo haces, la persona que ha preguntado se enfadará al quedarse sin respuesta, lo que te hará parecer indiferente; también podrías dar una respuesta incorrecta que haga que tu cliente no quiera saber nada más de ti.

Si ya tienes clientes que participan de forma activa en tus redes sociales y hablan sobre tus productos o servicios, debes pensar cómo conseguir monetizar esas acciones que ya realizan de forma voluntaria.

Algunas marcas usan redes sociales como canal de atención al cliente para ofrecer consejos, recursos y responder a las preguntas e inquietudes de sus clientes. Algunas de ellas se han formado con nosotros para aprender a gestionar de forma efectiva las quejas y las incidencias, utilizando el *feedback* (retroalimentación) como vehículo para mejorar las relaciones dentro de los inconvenientes normales que pueden surgir en cualquier relación empresa-cliente, problemas que la atención al cliente tradicional no habría sabido solucionar de la misma forma.

• Ejemplo de monetización Nidec (www.nidec.es).

El proveedor *online* de productos de seguridad y de alta tecnología Nidec utiliza Facebook casi exclusivamente para responder a las preguntas de sus clientes potenciales ayudándoles a resolver sus inquietudes.

Durante nuestras asesorías en social media a los responsables de Nidec les enseñamos a convertir las inquietudes y preguntas provenientes de sus potenciales clientes en ventas de una forma muy sencilla y eficaz.

A partir de entonces, cada vez que un posible cliente les pregunta algo relacionado con sus productos en alguna red social, responden de forma privada: «estaremos encantados de enviarte la información (o la respuesta) a través tu correo electrónico», con lo que se aseguran de obtenerlo. Así que cada vez que una persona les proporciona su correo electrónico, ellos ya tienen un nuevo *lead* clasificado mediante el producto que les ha interesado. Genial, ¿verdad?

En su página web, Nidec ofrece información de utilidad para su público objetivo, pero al poseer un número considerable de artículos en sus catálogos, algunos posibles clientes pueden no verla. Por eso usa redes sociales para dirigirlos a su contenido y al mismo tiempo responder a sus preguntas.

De esta forma, los posibles clientes que realizan una simple pregunta se convierten en *leads* y, como ya hemos explicado en este mismo capítulo, mientras más *leads,* más oportunidades de convertirlos en una venta.

8.1. Hacer que tus clientes actuales visiten tus redes sociales también monetiza

Otro objetivo común para las redes sociales de tu empresa es mantener a tus clientes actuales felices para que vuelvan a por más. Una buena forma de hacerles sentir bien es ofrecerles contenidos útiles, cosas que puedan servirles y que les demuestren que tú sabes cómo satisfacerles.

Uno de los consejos que más se repite en nuestras asesorías es hacer entender a las empresas que es mejor invertir dinero en acciones para los clientes que ya tienen que invertir dinero en atraer a clientes nuevos. Si consiguen mantener a quienes ya están, serán mucho más eficientes, y eso también es monetizar.

El aumento de cuentas en redes sociales dedicadas a la atención al cliente ha aumentado precisamente porque pueden responder a las preguntas en tiempo real y también dirigir a los posibles *leads* hacia el entorno apropiado. Los clientes lo perciben como una buena opción para que les atiendan rápido y tú como empresa te beneficias de los datos que puedas conseguir.

Tu base de datos de clientes es una mina de oro, ya que te permite entender cuáles son las necesidades y los deseos de los posibles clientes, y en lugar de tener que entrar en sus cabezas y suponer qué quieren, puedes saberlo de primera mano. De esta manera, puedes también mejorar tus productos y servicios, crear nuevos artículos para solucionar los problemas de los consumidores y mejorar los procesos internos para ofrecer mejores servicios.

9. ¿Cómo puedes gestionar acciones que vayan en función de las estrategias que has diseñado?

Para cerrar este capítulo, hemos querido que la especialista en *social media management* Ari Vigueras (@arivigueras), socia, colega y amiga, desarrollase todo este punto debido a que las acciones coherentes y estratégicas en redes sociales son precisamente su especialidad.

9.1. Crear acciones en redes sociales con un fin estratégico

La creación de acciones en redes sociales no deja de ser una consecuencia directa de una investigación previa tremendamente enriquecedora y, a la vez, imprescindible.

Muy a menudo, con la práctica profesional, observamos empresas y profesionales que desarrollan acciones en las redes sociales sin un trabajo previo que les sirva para entender qué acciones son las que pueden ayudarles a conseguir los objetivos previstos. La selección de cada acción debe estar determinada por el objetivo que se desea alcanzar.

Cuando preguntamos a quienes desarrollan acciones en redes sociales corporativas sobre la estrategia que guía sus publicaciones, es frecuente no obtener una respuesta clara. En la mayoría de los casos, tampoco encontramos que los beneficios obtenidos (en el caso de que sean medidos y evaluados) sean suficientemente aceptables u óptimos.

Pero ¿a qué nos referimos cuando hablamos de crear acciones en función de las estrategias previamente diseñadas? Y, sobre todo, ¿cómo podemos lograrlo de la forma más efectiva posible?

Hablamos de fusionar dos aspectos fundamentales del plan de social media marketing: en primer lugar, la estrategia definida y, en segundo lugar, las acciones a desarrollar a diario. Se trata entonces de encontrar un punto de convergencia entre la parte más teórica y la vertiente más práctica.

Para lograrlo, debes tener en cuenta tres factores:

1. La información obtenida del análisis de la situación inicial

   a. Situación inicial de la empresa y su competencia: presencia en la red, posicionamiento, acciones desarrolladas, contenidos tratados, resultados obtenidos, audiencia a la que se dirigen, entre otros elementos que conocerás gracias al *Social Media Audit* (auditoría) inicial.

   b. Situación deseada por la empresa: metas pretendidas, objetivos planteados, audiencia objetivo, redes en las que se tendrá presencia y resultados esperados.

   c. Recursos con los que cuenta la empresa: recursos técnicos, presupuesto, recursos humanos disponibles, tiempo y disponibilidad.

Este análisis te permitirá ver en qué punto se encuentra la empresa, con qué recursos cuenta y a dónde quiere llegar. Son tres aspectos que definen la estrategia a seguir y que deben estar presentes en cada una de las acciones que se desarrollarán en el día a día.

Cada acción que definas y ejecutes debe tener relación directa con los aspectos que se han evidenciado durante la investigación y el desarrollo de la estrategia.

Ejemplo

Realizar una inversión en Instagram Ads para promocionar una nueva línea de contenidos del blog es una acción que estaría relacionada de manera directa con la pretensión de promocionar los artículos del blog con el objetivo de incrementar la visibilidad, el posicionamiento y el tráfico de calidad hacia dicha plataforma.

- Acción: Instagram Ads.

- Objetivo: vender más a través de una mayor visibilidad, un mejor posicionamiento y más tráfico.

2. Audiencia objetivo y contenidos

El segundo factor que debes tener en consideración está relacionado de forma directa con la audiencia objetivo y los contenidos que las personas están dispuestas a consumir. En este momento entra en juego el plan de contenidos producto de la estrategia y guía esencial en el trabajo del día a día.

A nuestro entender, la elaboración del plan de contenidos y el éxito del mismo dependen de que esté directamente relacionado con un conocimiento profundo de la conducta y preferencias de las personas a las que tu marca quiere dirigirse.

Cuando nos referimos a un conocimiento en profundo, no solo hablamos de las características sociodemográficas que les definen y los intereses relacionados de modo directo con el producto o servicio (el foco principal y único que muchas empresas tienen en cuenta), sino que también nos referimos a los intereses complementarios más allá de lo que vende la empresa, sus miedos, sus motivaciones, así como las temáticas que les emocionan, les divierten, les resultan útiles y les hacen aprender.

Con la amplia perspectiva que nos ofrece este horizonte, lo ideal es tener una lista de tópicos que converjan con los intereses y gustos de la audiencia objetivo. Será desde esta enumeración de temas desde donde nacerá el plan de contenidos que guiará luego las acciones diarias y dará respuesta a la estrategia planteada.

3. Las redes y su funcionamiento

El último factor a considerar es el más práctico y variable: el funcionamiento de cada una de las redes en las que la empresa tiene presencia y entender cómo la audiencia objetivo las usa en su dinámica diaria.

Hay que conocer los aspectos que hacen a cada red un sitio diferente de los demás: lenguaje, tono, formato y uso. También las consideraciones técnicas que marcan su funcionamiento: alcance orgánico, estrategias para incrementarlo, recursos para asegurar la optimización de publicaciones, entre otras. Todo ello te ayudará a que tus acciones diarias, guiadas por la estrategia, tengan resultados óptimos.

Recapitulemos un instante antes de seguir. Tus acciones diarias tienen que venir marcadas por la situación inicial desde la que parten la empresa y su competencia, la situación deseada por la marca, la situación en la que se encuentra, la percepción de la audiencia objetivo, los contenidos que está dispuesta a consumir y el conocimiento del funcionamiento de cada una de las redes en las que la empresa tiene presencia.

Solo de este modo cada una de las acciones que se desarrollen tendrán coherencia, sentido y una finalidad. Y al mismo tiempo serán mucho más sencillas de medir, evaluar y corregir, si fuera preciso.

Encontrado el punto de convergencia entre la parte más teórica y la vertiente más práctica, bajamos a un nivel de concreción. Por eso te recomendamos elaborar dos documentos de trabajo esenciales, que son los que definirán y guiarán tus acciones:

- Calendario general de estrategia: este documento (representado de manera habitual en un cuadro de Gantt) traza las acciones generales que se desarrollarán durante la estrategia a nivel temporal. Se convierte en una guía imprescindible que marca los momentos clave para iniciar cada una de las acciones concretas que ayudarán a conseguir todo lo planteado en la estrategia.

En este calendario vemos representado en qué momento entran en funcionamiento cada uno de los perfiles en redes sociales, en qué punto adquieren protagonismo las campañas puntuales (campañas de influyentes, *e-mail* marketing, inversión en *ads*, entre otras) y en qué momentos será conveniente realizar mediciones específicas para verificar la consecución de los objetivos.

Acción	Nov.		Dic.			Enero			Febrero	Marzo			Abril		Mayo		Junio	
	1	2	1	2	3	1	2	4	1	1	2	4	1	2	1	3	1	3
Creación blog																		
Contenido blog																		
Relanzamiento YouTube																		
Relanzamiento YouTube																		
Campañas Facebook *Ads*																		
Contenido Facebook																		
Campaña Facebook *Ads (likes)*																		
Concursos exclusivos Facebook																		
Formación cultura digital																		
Relanzamiento Twitter																		
Contenido Twitter																		
Relanzamiento Instagram																		
Contenido Instagram																		
Promociones web																		
Promoción mensual Facebook																		
Promociones para no seguidores																		
Introducir la marca en Pinterest																		
Creación nuevos tableros y pins																		
Relanzamiento Foursquare																		
Campaña descuento Foursquare																		

La construcción de este cuadro, como ya se ha mencionado, está supeditado a todos los elementos que marcan la estrategia, pero también a los recursos y disponibilidad que tiene la empresa y a los profesionales implicados en el desarrollo del plan de social media marketing.

Calendario de publicaciones: este documento es un punto de unión entre el plan de contenidos y las acciones del día a día en cada una de las redes sociales. El objetivo primordial es definir cuántas publicaciones, en qué franja horaria saldrán y en torno a qué temática girarán las publicaciones. Además, es un instrumento que guía para la actuación de la persona que gestionará las redes sociales.

Tipo de contenido	Nov.				Diciembre				Enero				Febrero				Marzo				Abril				Mayo				Junio				Julio				Agosto				Sept.				Octubre			
	1	2	3	4	1	2	3	4	1	2	3	4	1	2	3	4	1	2	3	4	1	2	3	4	1	2	3	4	1	2	3	4	1	2	3	4	1	2	3	4	1	2	3	4	1	2	3	4
Consejos																																																
Gastronomía/cultura																																																
Vídeo-receta																																																
Navidad japonesa																																																
Comida japonesa en san Valentín																																																
Carnaval: disfraz de sushi DIY																																																
Sant Jordi																																																
Vuelta al cole																																																
Halloween																																																

■	Contenido básico del blog
■	Contenido puntual

Como puedes ver en el ejemplo anterior, se trata solo de definir la temática que guiará cada publicación, pero no el contenido concreto de cada una. En cualquier caso, será tarea del *community manager* o del responsable de la gestión elegir el contenido concreto.

Es imprescindible que cuando elabores este calendario de publicaciones tengas en cuenta los tres aspectos citados con anterioridad (estrategia de la empresa, contenidos y redes sociales) para repartir las temáticas definidas en el plan de contenidos de forma equilibrada, estratégica y óptima.

También es importante definir un calendario específico para cada red y que cada publicación tenga relación directa con uno (o más) de los objetivos del plan de social media marketing.

Para concluir, podemos afirmar que los aspectos estratégicos en la construcción del calendario de publicaciones son los siguientes:

- Cada tipo de publicación o sección de contenido debe tener relación directa con un objetivo de los especificados en el plan.

- Es clave equilibrar las publicaciones de contenido propio/externo, de productos, de publicidad y de contenido de valor.

- Hay que equilibrar la tipología de contenido y los formatos que compartimos en cada red –visual, audiovisual, enlaces, texto (entre otros)– para lograr tener un perfil rico, atractivo y variado.

- Las publicaciones en otros canales, como foros y redes verticales, también deben formar parte del calendario, ya que permitirán potenciar las redes en las que la empresa tiene menos éxito.

- Si alguno de los contenidos publicados ha alcanzado una atención especial, es recomendable publicar a continuación elementos relacionados directamente con el objetivo principal del negocio, ya que es probable que sean vistos por más personas.

- Es imprescindible que tus calendarios sean dinámicos y maleables. Recuerda que se trata de un calendario que evoluciona con la red, con las tendencias y con la empresa.

En cierta forma, las acciones son el motor de las redes sociales. Una acción bien diseñada será lo que motive a otras personas (los usuarios) a generar acciones como comentarios o a compartir en sus propias redes, y los resultados de esta difusión es lo que terminará generando parte de la monetización desde las redes sociales.

DOS ARMAS IMPRESCINDIBLES QUE GENERAN MÁS VENTAS Y BENEFICIO: EL CONTENIDO Y EL BLOG

6

1. El contenido es el rey, ¿seguro?

Se habla de que el contenido es el rey y hasta cierto punto es verdad, pero siempre y cuando sea el contenido adecuado para una estrategia de social media. Tus redes son tus castillos y tu misión es hacer que las visiten todos aquellos interesados en tus productos o servicios.

Pero... ¿qué significado tiene la palabra «contenido» cuando hablamos de redes sociales? Cuando nos referimos al «contenido" en relación a redes sociales, incluso a blogs, hablamos sobre: texto, vídeo o imágenes que están elaborados de una forma que resultan útiles a quienes los encuentran y que al mismo tiempo generan una experiencia que termina atrayendo y/o fidelizando al usuario.

Las estrategias de social media deben estar alineadas, sí o sí, con los objetivos estratégicos de negocio de la empresa, no deben crearse necesariamente nuevos objetivos, que también podría ser, por lo que uno de los principales objetivos es poder conseguir participación a partir de los contenidos que se publican.

Para que el social media funcione bien, las principales partes interesadas deben ponerse de acuerdo sobre qué tipo de contenido se va a publicar en redes sociales y blogs, contenido que debe apuntar hacia los objetivos de negocio de la empresa.

El contenido se redacta, diseña, graba y produce según las características de la red social elegida y en función de la audiencia a la que se diriges tu marca. Es así como en Twitter, por ejemplo, tendrás que publicar mensajes de no más de 280 caracteres (antes eran solo 140 caracteres) acompañados, si quieres, de una imagen, en Facebook y Linkedin podrás publicar prácticamente de todo y en Instagram, TikTok o SnapChat publicarás imágenes o videos acompañados de texto.

Ten en cuenta que en redes sociales, tu marca tendrá que moldear su comportamiento en función del comportamiento que muestran los usuarios de estos canales, este proceder es lo que se conoce como *marketing de contenidos*, denominación con la que no estamos de acuerdo, nosotros lo llamamos estrategia de contenidos.

En cierta forma, esta estrategia se basa en el estudio de la conducta de los usuarios de una red en particular, y esa conducta terminará siendo la que nos guíe, en último término, hacia el comportamiento que le daremos a la marca en dicha red.

Así que el contenido es el rey, pero la reina es la conversación y la participación que genera ese contenido, así que ella es la que manda.

2. Estrategia de contenido no significa Marketing de contenido.

Tal y como ya comentásemos en nuestro libro: «Cómo preparar un plan de social media marketing». Una estrategia de contenidos no significa publicar anuncios o publicidad en el sentido tradicional de la palabra. Este tipo de contenido no sólo interrumpe la dinámica de los usuarios, sino que también les molesta.

Nos referimos a publicar contenido que sea de utilidad para los seguidores, de forma que poco a poco convierta a la marca en una referencia y que los usuarios quieran volver una y otra vez. Eso no proporciona ventas directamente, pero sí que nos asegura una base de seguidores que serán auténticos fans de nuestra empresa, marca, productos o servicios.

Lo que mejor te va a distinguir de tu competencia es precisamente tu capacidad de generar y trasmitir contenidos de calidad. Si lo logras, podrás tener una relación real y profesional con los usuarios y generar un mayor compromiso *(engagement)* por parte de tu público objetivo.

Presentar el contenido es todo un arte, cuya clave es el conocimiento de la forma de actuar del publico objetivo, saber lo que le gusta, lo que busca y lo que resultará útil o atractivo a tu audiencia es primordial.

¿Cuál es la diferencia entre el marketing de contenidos y una estrategia de contenidos?

El marketing de contenidos es un trozo de tu estrategia de contenidos, ya que se centra exclusivamente en las piezas de marketing como tal para audiencias o segmentos muy específicos.

El marketing de contenidos funcionará sólo si dispone de una sólida estrategia de contenidos que lo impulse. En otras palabras, el marketing de contenidos es el «qué y tu estrategia de contenidos es el «cómo» el «dónde» y el «cuándo».

Para poder acertar en tu estrategia de contenidos, tendrás que hacerte estas preguntas:

* ¿Cómo puedes ayudar a tu audiencia objetivo?

* ¿Qué problemas tienen las personas que podrían estar interesadas en tus productos o servicios?

* ¿Cómo puedes satisfacer sus necesidades?

* ¿Qué contenido está buscando tu público objetivo?

- ¿Qué tipo de contenido necesita leer para resolver sus dudas o inquietudes?

- ¿Qué contenido puedes aprovechar para publicar varias veces?

Luego, debes identificar tu objetivo estratégico:

- ¿Quieres atraer a más usuarios?

- ¿Quieres fidelizar a tus visitantes?

- ¿Te interesa persuadirles y que realicen alguna acción?

- ¿Buscas conversión desde tus redes sociales o tu blog?

Saber responder a estas preguntas es uno de los aspectos más importantes de la estrategia.

Luego, la medición de todo lo que hagas es esencial para saber si lo que estás haciendo funciona. Tendrás que medir todo lo que haces para repetir las que funcionan y eliminar las que no.

Apoya tus mediciones con herramientas que te ayuden a interpretar mejor los resultados y a sacar mejores conclusiones; por ejemplo, utiliza marcadores UTM para analizar el comportamiento de los usuarios y observa, a través de Analytics todo lo qué hacen: ¿cómo se comportan? ¿Descargan el contenido? ¿Cuánto tiempo pasan en tu web? ¿Las visitas vienen desde redes sociales, cuáles? ¿Leen tus contenidos? ¿Cómo te han encontrado? Entre otras.

¿Qué son y para que sirven los códigos UTM?

Los códigos UTM son pequeños fragmentos de texto añadidos al final de cualquier URL que tienen como objetivo hacer seguimiento a la misma a través de una herramienta de analítica web, al mismo tiempo, permiten saber cuántas personas llegaron a través de una determinada fuente o canal, como parte de una campaña determinada.

¿Qué tipo de contenidos te pueden proporcionar más tráfico, visibilidad, difusión y posicionamiento?

En nuestro caso generamos para nuestros clientes contenidos que enganchen, tanto para sus blogs como para sus redes sociales, los tipos de contenido que mejor nos han funcionado son los siguientes:

- **Los «cómo»:** «*cómo* mejorar tu posicionamiento SEO», «*cómo* utilizar SnapChat como herramienta de difusión», «*cómo* hablar bien en público»… Este tipo de contenidos proporcionan al usuario soluciones a temas cotidianos.

- **Las estadísticas:** Siempre que sean cortas y que no muestren tantas cifras, resultan ser muy atractivas, de hecho son las que hemos visto que más se comparten.

- **Las «negativos»:** Los contenidos expresados desde una visión negativa, ayudan a generar interés, como por ejemplo: «7 errores que estás cometiendo al buscar empleo», este tipo de contenido generan mucho interés.

- **Los listados:** Los listados de consejos, tips y respuestas sobre un tema determinado son considerados de utilidad por la mayoría.

- **Las noticias «masticadas»:** Las noticias no son atractivas por sí mismas, ya que generalmente los usuarios ya se han enterado en otro lugar, pero las noticias con opiniones propias, sí que tienen un atractivo, sobre todo cuando esa opinión viene con polémica.

Pues bien, a todo lo anterior le llamamos *estrategia de contenidos,* así que tendrás que generar tus propias creaciones y diseños de contenido en base a lo que has visto en este capítulo.

En resumen, tus contenidos deberán ser atractivos, de valor e interesantes para las personas que los encuentren, y al mismo tiempo tendrán que llevar tráfico hacia los sitios en los que tienes tus productos y servicios, sumado a que deberán contribuir a aumentar la visibilidad de tu marca en redes sociales y en internet en general.

Como ves, una estrategia de contenidos va mucho más allá de el simple hecho de generar contenido y luego publicarlo.

El contenido, independientemente del formato, no funciona por si sólo. El objetivo es atraer, persuadir, convencer, generar una acción, convertir, ayudar y fidelizar a tu público objetivo.

Hacks que utilizamos para la creación de contenido

1) Tenemos clientes que constantemente nos preguntan: «¿sobre _qué_ debería bloguear?» o «¿qué tipo de contenido _debo_ publicar en mis redes sociales?». Pues la respuesta está en otra pregunta: ¿qué busca tu audiencia cuando piensa en tu producto?

Ofrecerles respuestas que respondan a sus dudas convierte a tus posibles clientes en posibles visitante; y ya sabes que los visitantes terminan convirtiéndose en compradores.

2) Una idea para generar contenido que se nos ocurrió con un cliente en particular, fue realizar una acción llamada "pregúntame lo que quieras", en la que la audiencia podía preguntar cualquier cosa que quisiesen, lo cual no sólo resolvió sus dudas, sino que atrajo a más clientes potenciales y generó una mejor relación con los clientes existentes.

3) Otra acción que ha funcionado bastante bien es entrevistar a clientes formales de la marca, es una simple y efectiva forma de generar información para posibles clientes con un perfil similar.

4) Una conocida acción que también hemos usado, es generar encuestas cortas y concisas para conocer de primera mano como piensan nuestro posibles clientes sobre ciertos aspectos de nuestros productos y servicios, ¡funciona!

5) Otro _hack_ que ha funcionado bastante bien a la hora de generar contenidos para nuestros clientes es hacerles participes en la búsqueda de temas para la generación de contenidos basados en las incidencias que provienen de atención al cliente.

6) Uno de los *hacks* más efectivos es reutilizar contenido ya publicado que nunca se convierte en obsoleto. Nosotros lo llamamos: *ever green content* o contenido siempre fresco. Se trata de un registro en el que vamos guardando contenido especifico que siempre está vigente y del que echamos mano cuando nos falta inspiración.

7) Otro *hack* que no falla, es hablar sobre temas polémicos y controversiales típicos de la industria o sector al que pertenece el cliente. La atención que genera resulta en mucha participación. Sólo asegúrate de no ofender a otras personas ni de tomar una posición demasiado controversial sobre un tema concreto.

8) Por último, dentro del contenido que vayas publicando tanto en blogs como en redes sociales, intercala frases «tuiteables» o de fácil difusión en otras redes sociales. Intercálalas dentro de los mismo párrafos que publiques.

¿Cómo crear contenido que monetice en un blog?

1) Haz una lista de todos las posibles preguntas o dudas que podrían tener las personas que buscarían tus productos o servicios; es decir, no hables de tus productos o servicios directamente, sino de las soluciones que ofrecen o sobre cómo resolver temas del día a día del uso de los mismos.

Por ejemplo, si vendes zapatos, Ya sea por internet o en una tienda física. La idea es que hables de temas como: «¿qué tipo de zapato conviene más para ir de excursión a la montaña?».

Si por ejemplo vendes ropa de bebé, uno de los temas que deberías tocar es: «cuatro consejos para lavar la ropa delicada de tu bebé».

No se te ocurra vender de forma directa en el blog, ya te podemos confirmar que no funciona. Ganar dinero con un blog no significa vender, sino hablar sobre los temas que pueden ser útiles a las personas que les interesan tus productos y servicios.

Algunos de los blog más exitosos que hemos gestionado, brindan información (no necesariamente noticias) sobre temas específicos dirigida a un grupos demográficos muy concretos; es decir, no generalizan, sino que buscan a audiencias muy concretas.

También publicamos videos e imágenes que ayudan a visualizar y entender mejor determinados temas con los que brindamos consejos orientados al usos de ciertos productos y servicios para ayudar a quienes estarían interesados en usarlos, e incluso para quienes ya los tienen.

2) Para poder monetizar un blog deberás generar visitas hacia el mismo encontrando contenidos que otros no hayan publicado todavía o que han publicado de forma incompleta o desactualizada, la idea es que Google note que puedes atraer a un número significativo de visitantes.

Elije para ello un tema específico, no uno general. Por ejemplo, escribe sobre «cómo reducir peso si eres mujer tienes más de 40 años de edad», no sobre «cómo reducir de peso en general». Escribe sobre «cómo hacer el mejor guacamole para tus nachos», no sobre «cocina mexicana».

Trata de redactar la mayor cantidad posible de títulos para artículos antes de crear el blog. Si no se te ocurren como mínimo veinte que sean acordes a tu marca y empresa, deberás buscar entre los temas que más buscan los usuarios de Google sobre tus productos o servicios en dicho buscador.

Elegir palabras que las personas buscan frecuentemente aumentará la visibilidad del blog y atraerá a más usuarios.

Utiliza la herramienta: Google Keyword Research para obtener un estimado de cuánto pagan los anunciantes en Google por ciertas palabras clave y utiliza también la técnica de Long Tail Keyword, que no es más que mirar las palabras que te va proponiendo Google cada vez que inicias una búsqueda, palabras que ni siquiera has puesto, sino que Google te propone en base a búsquedas anteriores de otros usuarios.

3) Busca blogs de marcas de tu competencia o de particulares que traten sobre temas similares a los que piensas publicar en el tuyo.

Busca en Google y fíjate en los blogs que están en los primeros lugares de la lista de búsquedas, es decir, los que aparecen en las primeras posiciones. Los que te recomendamos mirar para imitar son los que tienen el mayor número de comentarios y mayor número de visitas.

Si no puedes encontrar ningún blog relacionado a tus productos o servicios que esté bien posicionado, significa que tienes una buena oportunidad de crear un nicho específico. La gente interesada en cierto tema suele visitar varios blogs similares, hacer que el tuyo salga entre los primero de Google prácticamente sin competencia es una gran ventaja.

Si por el contrario encuentras blogs bien posicionados que hablan sobre los temas que van con tu marca, ten presente que será muy difícil competir con ellos, al menos al principio; así que nuestro consejo es que uses temas relacionados con algunas diferencias para que seas encontrado junto al resto de blogs posicionados, eso te ayudará a que más adelante, cuando tengas tu blog bien posicionado, puedas superarlos.

4) Escribe contenido original. Google descubrirá que has copiado algo de otro lugar, isí, lo sabe! Y si lo llegas a hacer penalizará a tu blog haciendo que no posicione; así que crea tus propios artículos para cada publicación sin copiar y pegar los contenidos de otros blogs.

Actualiza el blog con frecuencia, lo que no significa que debas publicar cada día, eso es una leyenda urbana. Nosotros recomendamos como mínimo una vez a la semana, con eso es suficiente.

El blog como monetizador

Ten por seguro que no exageramos cuando te decimos que el 98% de todas las estrategias que hemos desarrollado para nuestros clientes tienen un blog como epicentro de la misma.

Por lo general, cuando se habla de estrategia en redes sociales sólo se piensa en redes sociales, lo cual es un error porque las redes sociales son sólo vehículos que se utilizan para comunicar algo más, son el medio, no son un fin en sí mismas.

La verdadera clave para generar ingresos usando redes sociales es el contenido de valor que enviamos a través de ellas para atraer a los posibles clientes y ese contenido debe estar previamente en otro lugar, un blog.

El blog es el lugar en el que colocamos el contenido que enviaremos a nuestros clientes potenciales, para que vengan atraídos por la utilidad de los mismos, y al mismo tiempo, el lugar en el que colocaremos mecanismos de recolección y de tratamiento de bases de datos.

En muchos casos, cuando una empresa, sea del tamaño que sea tiene ya un blog, vemos que el mismo se encuentran desactualizado, la mayoría carecen de una verdadera arquitectura, están obsoletos en cuanto a posicionamiento o todavía utilizan elementos de tiempos pasados.

Desde que existen las redes sociales se les dice a los empresarios deben adaptarse a las nuevas tecnologías, siempre refiriéndose al uso de redes sociales y nunca refiriéndose a utilizar un blog como eje central de ese proceso de adaptación.

Te hacemos una pregunta, ¿cuándo fue la última vez que buscaste algo en Google? ¿Ayer, hace una hora, hace unos minutos? Pues te hayas dado cuenta o no, entre los primeros resultados había un blog (cómo mínimo) que seguramente te ayudaba a darle respuesta o solución a la pregunta que le has hecho a Google.

¿Y eso qué tiene que ver con tu modelo de negocio? Pues que millones de personas están buscando respuestas a sus dudas, buscando productos y servicios como los que vende tu empresa y tú no estás ayudándoles a encontrarte.

Cuatro hechos que no debes pasar por alto:

1) Mientras los visitantes de tu blog pasen más tiempo leyendo tus publicaciones, más probabilidades tendrás de que accedan a dejarte sus datos o de «pasar» a tu web, sí, el lugar en el que tienes tus productos y servicios.

2) De nada te sirve colocar los iconos de redes sociales en tu web, si no tienes un blog para llenar de contenido esas redes.

3) Antes de pensar siquiera en una estrategia de redes sociales, es necesario que incluyas un blog que posea elementos de suscripción y de captación de datos.

4) Prácticamente todo lo genera dinero al usar redes sociales debe estar enfocado en atraer tráfico hacia un sitio en concreto, en generar posicionamiento o en ayudar en la captación de datos.

El blog debe servir de puente entre las redes sociales y los sitios Web en los que tienes tus productos y servicios, ¿ya lo vas entendiendo? Por eso es importante que «puente» sea atractivo, usable y legible, de otro modo, los usuarios se marcharán a otros blogs, y habrás perdido tiempo y dinero.

Con tantas personas intentando hacer lo mismo, diferenciarse es la clave, así que tu blog debe ser más que palabras acompañadas de fotos para pasar a ser toda una experiencia, lo que muchas veces no resulta fácil.

Una de nuestras especialidades es el diseño y desarrollo de blogs y webs que «salen del horno» listos para monetizar a través de redes sociales, por lo que si decides hacerlo por tu cuenta, te dejamos con algunos consejos de nuestra propia cosecha.

3. ¿Cómo monetizar las redes sociales con la ayuda de un blog?

1) Primero que nada, publicita tu blog en las redes sociales y tu propia web, todo lo que te podamos explicar para generar ingresos si el blog no tiene a sus primeros lectores fijos. Pero lo primordial es publicar enlaces a tu blog desde tus redes sociales para atraer a los primeros lectores.

Es decir, capta tráfico. Hacer que los lectores se acerquen a un sitio nuevo y que empiece a generar tráfico no es nada fácil. Sobre todo los primeros meses, pues tendrás que trabajar de forma intensiva y sabiendo lo que haces en la difusión del sitio a través de lo que se conoce como «difusión proactiva» o difusión a través de las principales redes sociales.

2) Aunque en este mismo libro hablaremos sobre cómo generar dinero con publicidad de una forma más extensa, te recomendamos mirar la posibilidad de utilizar publicidad contextual, pero sólo cuando el blog tenga contenidos de alta calidad y empiece a atraer a tu audiencia objetivo.

Es poco probable que de la noche a la mañana ganes dinero con Google Adsense o Adwords, pero de todas formas no está mal que lo consideres. Los anuncios son una buena forma de iniciar a atraer tráfico al blog y ya sabes que mientras más lectores hagan *click* para venir a tu blog, mejor posicionado estará.

3) Conseguir conversiones, es decir, hacer que tu blog consiga que los usuarios compren productos o servicios a partir de los formularios de captación y los botones con llamados a la acción (Nosotros los llamamos por sus siglas en inglés CTA o Call to Action) que pondrás de forma estratégica en las columnas de tu blog.

Para ello es vital captar la atención de tus lectores con diseños y colores que les llamen la atención para conseguir que realicen las acciones que tú esperas que hagan y que resulten en beneficios monetarios para ti o tu empresa.

4) Haz que tu blog se posicione. Si consigues generar suficiente tráfico (visitas), entonces lo siguiente sería centrarte en conseguir un buen posicionamiento en los buscadores, sobre todo en Google.

Posicionar será la principal batalla que mantendrás con tu competencia (otros blogs que ya en las primeras posiciones en los resultados de Google).

Y aunque es cierto que el contenido es la clave, un buen trabajo SEO on-off page sigue marcando una diferencia enorme. Si no tienes a nadie en tu equipo que sepa sobre este tema, al menos empieza a averiguar cómo formarte o formar a alguien de tu empresa en los principios básicos del SEO para ir avanzando. Existe en internet mucho material gratuito, así como tutoriales que hablan sobre ello, pero la mayoría queda obsoleto en meses.

Consejo para PYME:

Muchos servicios de alojamiento de blogs permiten únicamente sus propios servicios de publicidad contextual y si usas alguno ajeno a la empresa de alojamiento, podrían cerrar tu blog. En cualquier caso, te recomendamos mirar en otros servicios de publicidad como: Infolinks, Media.net o BlogAds.

5) La *newsletter*, una herramienta que no ha pasado de moda. Una *newsletter* es una publicación que se envía por correo electrónico y que normalmente incluye varios contenidos de tu blog, así como otros contenidos similares.

Olvidada por muchas empresas, la *newsletter* es uno de los principales elementos que ayuda a las redes sociales y al blog a generar beneficios en conjunto, de hecho, es uno de los activos más lucrativos de los blogs.

Obtener la dirección de correo electrónico de tus lectores para luego conseguir una base de datos segmentada para tu industria y sector, es la clave para atraer más ventas para tu empresa. El mecanismo es sencillo: Tú publicas contenido en el blog, entonces generas una *newsletter* que difunde algunos de esos contenidos a través del correo electrónico y las redes sociales se encargan de profundizar en la difusión, ¡así de simple! Pero inmensamente potente.

Como conclusión, una estrategia de contenidos sólida (combinada con acciones de marketing de contenidos) es una de las herramientas más útiles para tu empresa a la hora de poner a funcionar un blog. Sólo asegúrate de que la base de los contenidos han sido planificadas y que están en concordancia con los objetivos que persigues.

Si te tomas un tiempo para desarrollar una buena estrategia de contenidos, tu blog tendrá un propósito más claro, lo que resultará en una monetización segura de las acciones.

Te sorprenderás cuando veas todo lo que un blog puede conseguir en términos de beneficios cuando las publicaciones se ha realizado centradas en una estrategia de contenidos coherente.

CÓMO ALINEAR LAS REDES SOCIALES CON TU MODELO DE NEGOCIO

7

Como ya habrás podido comprobar, este libro no trata sobre cómo sustituir otros canales de marketing o de generación de ventas usando redes sociales. El social media implantado en una empresa no es la panacea que resolverá todos tus problemas comerciales ni económicos. Lo que sí que te proporcionará son herramientas para maximizar la eficiencia del tiempo que pasas en las redes sociales para obtener resultados. De hecho, la productividad ya es un beneficio en sí misma debido a que ahorra dinero y tiempo, elementos perfectamente cuantificables en términos monetarios.

Las redes sociales pueden complementar el resto de los canales de marketing, así que no debes aislarlas o tratarlas como si estuviesen fuera del contexto empresarial; al contrario, solo obtendrás beneficios si las integras y las apoyas con el resto de los canales que ya usas.

1. El exceso de promoción, el mayor de los paradigmas

El origen de las redes sociales no fue vender, sino poder mantener una conversación usando canales novedosos y prácticos. Aun así, existen numerosos ejemplos de empresas que usan estos canales para divulgar sus promociones en lugar de crear relaciones y fomentar el diálogo.

Si entras en cualquier red social ahora mismo, verás que la mayoría de las empresas (por no decir todas) publican sin ton ni son sus últimas ofertas o promociones intentando atraer la atención de su público objetivo. También verás que muchas de estas publicaciones utilizan mensajes de venta tradicional, tal vez con la intención de llamar la atención, sin saber que están creando el efecto contrario.

Puede que este tipo de anuncios sean efectivos en canales como Google Ads (hasta hace poco conocido como Adwords) o en una valla en una autopista, pero en redes sociales no funcionan. De hecho, para algunas personas se trata de contenido intrusivo y sin valor.

Te hacemos una pregunta: ¿seguirías a una cuenta de Intragram que solo publicase este tipo de contenidos? Seguro que tu repuesta ha sido no. Incluso si te gustan la marca y sus productos, reconocerás que, a pesar de que te mantienen informado de las últimas ofertas, no añaden ningún valor a tu experiencia como usuario y mucho menos como cliente.

Una estrategia que conseguiría más participación podría ser la de ofrecer curiosidades o noticias interesantes relacionadas con el producto o solicitar opiniones a aquellos que ya han usado determinado artículo.

> **Reflexión en un tuit**
>
> «No se puede vender en redes sociales ¡No funciona! ... ¡Pero cuidado si no vendes!», **Víctor Puig (@victorpuig).**

2. Vender o no vender, he ahí el dilema

Puede que esto que vamos a decir a continuación te suene increíble: la mayoría de las empresas lo está haciendo muy mal en redes sociales.

Bien, fíjate que hemos dicho «la mayoría», no todas, pero aun así, eso son muchas empresas, y te sorprendería saber cuántas marcas reconocidas están incluidas en esa mayoría.

¿Que por qué? Porque la mayoría de las empresas grandes y tradicionalmente reconocidas confunde éxito con número de seguidores y fama (o reconocimiento de marca) con éxito.

Para colmo de males, las empresas más pequeñas piensan que al copiar lo que hacen las grandes podrán conseguir buenos resultados. Pero la realidad es que las empresas grandes tienen seguidores porque ya eran conocidas y no precisamente por hacerlo bien en la red. Por lo tanto, el número de seguidores que poseen es solo una consecuencia de esa fama, lo que no representa logro alguno y mucho menos haber tenido éxito.

Por esta razón las más pequeñas también fracasan en su intento. Y lo peor es que terminarán pensando que las redes sociales no sirven cuando lo que no les sirvió fue haber copiado una estrategia que no les convenía.

Es así cómo la mayoría de las empresas siguen en su equívoca labor de intentar conseguir dinero publicando anuncios y otros elementos intrusivos en redes sociales. Muchos muros y *timelines* se han convertido en meras plataformas de divulgación de ofertas especiales, descuentos y otras banalidades, en lugar de crear espacios para el diálogo.

Consejo para pymes:

Si gestionas las redes sociales de una empresa pequeña, no intentes hablar con los usuarios; la mejor estrategia es publicar contenido que haga que tus usuarios hablen de tu marca con otros usuarios.

3. No hay nuevos objetivos, sino una nueva forma de enfocarlos

Para que las redes sociales puedan ayudar a cumplir los objetivos empresariales, primero debes decidir cuáles son los que intentas alcanzar integrando redes sociales.

Una de las primeras preguntas que tendrás que hacerte o hacerle a la empresa es para qué necesitáis estar en redes sociales o qué esperáis conseguir con una estrategia de redes sociales.

Cada uno de los elementos que involucra el uso de redes sociales en la empresa tiene sus propios objetivos. Así que al conjunto de estas acciones mezcladas con herramientas se les conoce como estrategia.

Una vez que tengas definidos tus objetivos, el siguiente paso será construir una lista con las principales métricas que puedes usar para evaluar el éxito de tu estrategia (en el capítulo 4 ya te mostramos algunos ejemplos de estas métricas). Mucho de lo que diremos en este capítulo te servirá para crear un listado de los posibles objetivos que podrías perseguir una vez implantes redes sociales en tu empresa, así que prepara tu libreta o *tablet* para empezar a apuntar.

Hace unos años, cuando la gente de marketing empezó a fijarse de forma seria en las redes sociales, muchas empresas (sobre todo las más grandes) comenzaron a abrir perfiles en Twitter y Facebook esperando a ver qué pasaba. Empezaron a escuchar lo que decían sobre sus marcas, productos y servicios, así como sobre la competencia y la industria en general. Crearon una *page* (antes *fan page*) y empezaron a comprobar cuántos «me gusta» recibían y cuántos usuarios participaban en la conversación. Probaron con diferentes tipos de contenido para ver cuáles funcionaban y motivaban a la audiencia. Y confiaron en una teoría que decía: «si estamos aquí, las personas vendrán».

Pero ¿aparecieron esas personas? ¿Fue alguien a participar realmente con la marca? La respuesta es no. Llegaron muchos *likes* o «me gusta», pero personas con ganas de conversar, pocas.

A pesar de que los nombres de algunas marcas fueron lo suficientemente conocidos como para lograr audiencia, muchos se esforzaron solo en conseguir seguidores y en intentar establecer una conversación con una audiencia que no participaba.

Otras marcas vieron cómo sus perfiles se convertían en el campo de batalla de consumidores no satisfechos que usaron las redes sociales para mostrar su descontento cuando no habían podido hacerlo por otros canales. La gran mayoría se encontró viendo el tiempo pasar. Estaban preparados para escuchar la conversación, porque, después de todo, la gente estaba hablando sobre su marca y ser parte de la conversación era su decisión, pero no era la forma en la que hubiesen deseado que sucediera.

Lo cierto es que para algunas empresas la cosa fue así, para otras fue algo mejor, pero para la mayoría, es decir, para las pymes, pocas personas (usuarios) dijeron algo. Fue entonces cuando empezaron a hacerse preguntas sobre si deberían seguir participando en redes sociales, porque si nadie estaba hablando sobre sus marcas, no era necesario estar presente, ¿verdad? Se preguntaban. Pero la respuesta siempre ha sido y sigue siendo esta: depende de lo que intentes conseguir.

4. Establecer objetivos en redes sociales

Toda estrategia, por muy pequeña que sea, debe iniciarse con objetivos, lo que significa entender cuál es tu propósito para participar en redes sociales, entender el propósito de cada cuenta de usuario. Si estás en varias redes sociales y no sabes qué intentas conseguir, ¿cómo avanzará la misión que te has propuesto?, ¿cómo sabrás si estás alcanzando a tu audiencia o si de verdad estás proporcionando contenido de valor a tus seguidores? Si no sabes esto, probablemente no deberías estar en redes sociales... aún.

Estar en redes sociales ya no puede ser «voy a intentarlo a ver qué pasa». Ya es hora de preparar una estrategia para tu presencia *online* con el fin de que puedas medir tus resultados, y para ello empieza por definir tus objetivos.

Te aconsejamos empezar con uno de estos tres objetivos:

1. Tráfico.
2. Generación o incremento de bases de datos (*leads*).
3. Posicionamiento.

Nuestra experiencia nos dice que son los más comunes, y de hecho, son los más frecuentes en las estrategias que hemos diseñado en los últimos años en theplancompany.com. Te podemos asegurar que son los que te ayudarán desde el principio a que más gente reconozca tu marca y conozca el nombre de tu empresa, los que aumentarán las oportunidades de venta y lo que te ayudará a generar ingresos usando como canales a las redes sociales.

Para tener una idea de cuáles pueden ser los objetivos que necesitas perseguir para monetizar el uso de las redes sociales en una empresa puedes ver los pasos que te mostramos en el siguiente capítulo, donde también observarás que estos tres objetivos están implícitos en dichos pasos.

Hemos comprobado que la implantación de esos pasos que leerás en el siguiente capítulo, tanto de forma individual como de forma conjunta, a través del uso de redes sociales y dependiendo del modelo de negocio, siempre trae beneficios a una empresa (y sin pagar por publicidad).

Es importante aclarar que no será fácil que consigas los tres objetivos al mismo tiempo, a no ser que tengas un presupuesto para social media (o marketing) muy elevado, así como recursos extensos.

Si intentas hacerlo todo a la vez, acabarás con resultados mediocres. Te lo decimos por experiencia: muchos intentan hacer malabarismos, pero no funciona; al final todo se queda en el aire o se cae. Y esto sin mencionar que muchas de las personas que trabajan gestionando redes sociales, encargadas de la credibilidad y eficacia del social media como profesión, lo hacen como algo aparte de su trabajo de verdad.

Si intentas hacerlo todo, probablemente lo dejes todo a medias. En lugar de tener una lista poco realista de muchas iniciativas en redes sociales con las que pretendes conseguir estos tres objetivos (o más), es mejor que elijas uno solo y lo hagas genial. Cuando consigas avanzar, será mucho más fácil comenzar otra iniciativa.

5. Cómo elegir el primer objetivo, el que más nos conviene

Esta es una pregunta muy común entre las personas a las que formamos en las distintas escuelas de negocio y universidades en donde damos clases, así como entre los empresarios que asesoramos: «¿qué objetivo es el adecuado para mi empresa?».

Respuesta: cualquiera de los objetivos que elijas podrían ser una buena elección, pero es importante que evalúes los distintos objetivos basándote en lo bien que se alineen con los recursos de que dispongas y el tiempo que puedas invertir, así como en lo importante que es ese primer objetivo para la empresa. No hay respuestas incorrectas, pero hay elecciones que determinarán el éxito o fracaso de lo que te propongas conseguir.

Consejo para pymes:

Técnicamente, ninguna elección es incorrecta, así que céntrate en elegir el objetivo que más apoyo pueda tener entre las personas que deciden en la empresa, para que desaparezca la duda sobre invertir en redes sociales lo más rápido posible.

Una vez que tengas claro lo que quieres conseguir a través de tus esfuerzos en redes sociales, las métricas (KPI) que medirán tu progreso te ayudarán a saberlo. Sin embargo, como sabemos que elegir objetivos puede ser complicado para según qué persona, te recomendamos considerar algunos aspectos clave a tener en cuenta antes de escoger el objetivo más apropiado. Y aunque hemos identificado estos aspectos (te los mostraremos en las páginas siguientes), no te preocupes, porque al final de este capítulo también te exponemos de forma práctica cómo elegir un objetivo (u objetivos) para que empieces a generar beneficios antes de lo que pensabas.

6. El primer aspecto clave es poder demostrar éxito rápidamente

La principal meta de la empresa es aumentar los ingresos, así que tu primera opción tendrá que ir muy enfocada en el objetivo que de manera más rápida pueda demostrar resultados.

Por ejemplo, si te decides a incrementar el número de *leads,* debes tener en cuenta aspectos como el ciclo de ventas, ya que si es demasiado largo será muy difícil conseguir que el equipo directivo se mantenga interesado en los avances de la gestión en redes sociales, y es que, como es común en a´lgunos modelos de negocio, los *leads* que generes tendrán también un ciclo de ventas largo.

Consejo para pymes:

Si gestionas redes sociales para una empresa con un ciclo de ventas de 24 meses, o más, contados desde la fecha de generación de los *leads,* tendrás una desventaja que solo podrás compensar mostrando resultados no asociados de manera directa a las ventas. La mejor estrategia para afrontar esta cuestión es a través de las variables que de igual forma pueden considerarse beneficio, como por ejemplo, el propio incremento de los *leads* que hayas conseguido a través de redes sociales, lo que ya representa un ahorro, así como el incremento del tráfico, la reducción de la tasa de rebote y, sobre todo, el posicionamiento. Se trata de elementos medibles que apuntan hacia el beneficio y que pueden generar confianza entre los que deciden en la empresa mientras se va cumpliendo el ciclo de ventas.

Como habrás comprobado, es sumamente importante seleccionar un objetivo inicial que genere unos logros inmediatos, que es justo lo que necesitas para conseguir que te apoyen y que permitan ampliar tus esfuerzos para comenzar otro objetivo. Necesitas vender tus ideas a los directivos usando el objetivo que funcione más rápido. Esto no quiere decir que no puedas empezar a sentar las bases para trabajar en otro objetivo al mismo tiempo. Solo sigue nuestro consejo de ir uno a uno; más adelante recogerás las recompensas de ambos.

7. Los objetivos en redes sociales deben ir en paralelo a los objetivos de la empresa

Poner en paralelo significa que tus objetivos no solapen a los de la empresa ni viceversa. Solo debes averiguar cuáles son los principales objetivos de tu empresa en la actualidad y cuáles estarán vigentes durante los próximos dos años, y para ello debes hacerte esta pregunta: ¿en qué indicadores de desempeño están concentrados los que deciden en la empresa? Es decir, ¿qué es lo que más les preocupa e importa? Las respuestas te permitirán saber dónde puedes ayudar primero y dónde te considerarán más útil. Esa es la clave, que perciban a las redes sociales como algo que les va a ayudar.

Estamos cansados de ver ejemplos de lo contrario en empresas en las que, por ejemplo, los empresarios o emprendedores necesitaban mejor reputación en la red (ese era su objetivo primario) y el responsable de las redes sociales *(community manager)* estaba centrado en generar posicionamiento, creando con los resultados un efecto contrario y contraproducente sin querer.

Consejo para consultores:

Si eres asesor externo, pregunta por el plan de negocio (todas las empresas tienen uno), y si eres parte de la empresa, revísalo, ya que proporciona un mapa de lo que es importante para esa empresa en términos de prioridad. Úsalo para averiguar cómo puedes utilizar las redes sociales para ayudar a conseguir los objetivos propuestos.

8. Los objetivos deben traducirse al lenguaje de la empresa

Tanto si asesoras de forma externa a la empresa como si trabajas en ella en un nivel en el que debes convencer a los que deciden, tendrás que hacer que te presten atención. Nosotros llamamos a eso «traducir al lenguaje de la empresa», y es otro de los aspectos clave para el éxito de las redes sociales.

Uno de los secretos de la gestión de redes sociales corporativas consiste en saber convencer a los empresarios o emprendedores (y a los directivos si es una empresa grande) sobre las ventajas de las redes sociales, y mucho de esto se consigue traduciendo los objetivos desde el lenguaje de quienes gestionamos redes sociales al lenguaje tradicional empresarial. Eso no siempre significa cambiar el vocabulario o hablar de cosas de empresa, sino hablar en función de lo que le interesa escuchar al empresario o emprendedor y que no es más que lo que ya explicamos en capítulos anteriores: ahorro, productividad, satisfacción de clientes, menor coste o facturación e ingresos en un contexto en el que las redes sociales son el vehículo para conseguirlos.

Por ejemplo, si les dices a un empresario o emprendedor que Facebook puede servirle para ofrecer un excelente servicio de atención al cliente *online,* lo más seguro es que termine pensando: «OK, eso suena muy bien, pero nuestro objetivo ahora es crecer y duplicar los ingresos en relación con el año pasado, y tengo un presupuesto limitado que voy a enfocar solo en este objetivo. Así que no me interesa Facebook».

¿Lo ves? Seguramente tú pensarías igual si estuvieras en su lugar. Está claro que su mente está concentrada en sus prioridades, y tú no has ayudado a que las redes sociales formen parte de las mismas.

En cambio, si te enteras de que la prioridad y mayor interés son los ingresos, puedes proponer un objetivo en Facebook (siguiendo con el ejemplo) que integre esa prioridad y que incluya lo que está buscando; es decir, cómo incrementar los ingresos. Nosotros desde The Plan Company le diríamos algo así:

> «Facebook te puede ayudar a incrementar los ingresos gracias a los clientes actuales ¿Cómo? Abriendo un canal de atención al cliente con el que gestionaremos de forma rápida y personalizada cualquier pregunta, duda, reclamación e inquietud, que dará como resultado que compren más a menudo, que gasten más en cada visita, y sobre todo, que nos recomienden, lo que definitivamente aumentará los ingresos».

¿Notas la diferencia? ¿Sí? Pues eso se llama traducir al lenguaje del empresario o emprendedor.

Ahora imagina que aderezas tu propuesta con algo como esto: «además, Facebook también nos puede ayudar a generar más ingresos atrayendo a personas que aún no son nuestros clientes, pero que estarían interesadas en serlo, ya que dispondríamos de un espacio en el que mostrarles nuestros productos y servicios, y al mismo tiempo redirigirlas a nuestra tienda *online».*

Ya verás que el empresario o emprendedor tendrá una actitud muy distinta hacia tu propuesta, porque esta vez te estará prestando atención, ya que has incluido a Facebook en sus objetivos y entenderá que las redes sociales van a afectar a lo que más le importa: duplicar los ingresos.

Ejercicio práctico

Cómo elegir un objetivo (u objetivos) en dos pasos para que empieces a generar beneficios

Este ejercicio te guiará y te ayudará a determinar cuál es el mejor objetivo inicial para tu estrategia de generación de beneficios en redes sociales.

Para simplificar este ejercicio, partiremos desde la elección de uno de los tres objetivos principales que te hemos indicado en este capítulo ¿Los recuerdas? Son posicionamiento, generación o incremento de *leads* y tráfico. Y por ahora dejaremos de lado al resto, pero no porque dejen de ser importantes, sino porque este ejercicio consiste en hacerte pensar y ayudarte a tomar decisiones, así que con tres opciones es suficiente para comenzar.

PASO 1

Utiliza las acciones de marketing tradicional que la empresa ya está desarrollando

Lo primero que puede ayudarte a elegir una meta es tener en cuenta las que la empresa ya intenta conseguir a través de acciones de marketing tradicional. Así pues, apunta todas las acciones que se están llevando a cabo en Marketing en la actualidad, así como los objetivos que pretenden alcanzar con esas acciones (a veces las denominan campañas). Luego, observa el siguiente cuadro:

A continuación, empieza a escribir dentro de cada círculo (y para ello puedes utilizar esta misma página del libro) las acciones de marketing que la empresa ya está llevando a cabo, de manera que las asocies con uno o con los tres objetivos, según veas.

La intención de este ejercicio es que puedas determinar cuál es el objetivo más concurrido, es decir, al que más acciones puedes asociar, de manera que puedas identificar el objetivo principal para la empresa. Recuerda que elegir un objetivo con el que puedas demostrar de forma rápida que las redes sociales contribuyen a obtener beneficios desde el principio es algo que te ayudará a darle credibilidad a tu labor.

Pero esto no acaba aquí. ¿Se quedó alguno de los tres objetivos sin acciones? Si es así, es posible que hayas encontrado una gran oportunidad para incorporar redes sociales allí. Solo debes hacerte estas preguntas para saber si tu objetivo es precisa-mente el que nadie está apoyando, como por ejemplo, ¿por qué nadie está desarrollando esa área? ¿Por qué no es una prioridad para la empresa? ¿Hay presupuesto o recursos para abordarlo?

Tanto si observas que un objetivo ya recibe una gran cantidad de apoyo por parte de marketing como si ves que hay alguno que no recibe ningún tipo de acción, tienes dos objetivos para elegir. Para decidirte por uno, tendrás que tener en cuenta otros factores, como la cantidad de recursos, la inversión de tiempo o la dificultad que pueda requerir el objetivo elegido.

Normalmente, los objetivos que reciben más recursos son los más importantes para la empresa, así que merece la pena considerar si tus acciones en redes sociales pueden desempeñar un papel importante en su consecución.

Con la realización de este ejercicio siempre acertarás en la identificación del mejor objetivo para comenzar.

PASO 2

Analiza la situación inicial en función de los objetivos

Una vez finalizado el Paso 1, es necesario que sepas identificar las debilidades, amenazas, fortalezas y oportunidades que afectan a cada uno de los tres objetivos DAFO (Debilidades, Amenazas, Fortalezas y Oportunidades). Por ejemplo, en el caso del objetivo generación e incremento de *leads,* una fortaleza podría ser el hecho de que la empresa ya posee un plan de social media marketing en el que se contempla generar *leads,* mientras que una debilidad podría ser un ciclo de ventas de más de 24 meses (demasiado largo para demostrar resultados).

Apunta en el cuadro que te dejamos continuación, donde corresponde a cada uno de los cuatro elementos, todo lo que puedas identificar en tu empresa en relación con los tres objetivos mencionados.

Luego, como ejemplo de oportunidad tienes la posibilidad de centrarte en generar *leads* de forma que el coste de los mismos se reduzca en comparación con lo que está haciendo el departamento de Marketing en otros canales. Por último, haz una lista de amenazas externas que podrían afectar a tus acciones en redes sociales. Una amenaza externa es algo sobre lo que no tienes ningún tipo de control.

PASO 3

Tres preguntas que te ayudarán a tomar la decisión final sobre los objetivos

Para terminar de elegir el primero de tus objetivos y empezar a generar beneficios a través de las redes sociales, utiliza las respuestas que obtengas para cada una de estas preguntas y emplea los resultados de los pasos 1 y 2 para responderlas:

1. ¿Qué objetivo presenta más obstáculos o posee barreras visibles?

2. ¿Qué objetivo demuestra ser la mejor oportunidad para demostrar resultados a corto plazo?

3. ¿Qué objetivo es el mejor para conseguir resultados a largo plazo?

El mejor objetivo será el que esté en concordancia con la tercera pregunta. Si encuentras dos objetivos con estas características, observa si alguno responde también a la segunda pregunta 2. Y si continúa el empate, elimina al que responde mejor a la primera pregunta.

Como conclusión, no hay estrategia sin objetivos, y por muchas acciones que puedas crear para tus redes sociales, si estas no están vinculadas a un objetivo de forma cualitativa y cuantitativa, no te servirán de mucho para monetizar.

PLAN PASO A PASO PARA PREPARAR A TU EMPRESA Y GANAR DINERO CON LAS REDES SOCIALES

8

Por si no te habías dado cuenta, estamos frente a una nueva revolución industrial, mucho más global, mucho más social y mucho más compleja. Y al igual que lo hiciera el modelo productivo y de servicios del siglo XVIII, de nuevo le toca al mundo empresarial adaptarse a las nuevas corrientes y a la nueva forma de hacer negocios. Pero esta vez, el tiempo que tiene para hacerlo es mínimo debido a la velocidad con la que todo está sucediendo.

Ni siquiera cuando llegó internet se pudieron apreciar tantos cambios culturales, de paradigmas y de conducta en las personas. Han sido las redes sociales y todo lo que las rodea e influye lo que ha generado un nuevo cambio de era.

Reflexión en un tuit

«Las empresas que usan redes sociales no son mejores que las empresas tradicionales; solo se han adaptado mejor a la nueva dinámica empresarial», **Claudio Inacio (@cinacio06).**

PASO 1

Invertir la pirámide de la organización

Venimos utilizando el sistema empresarial piramidal desde hace tanto tiempo que parece que el mundo tal y como lo conocemos siempre hubiese sido así, y solo nos hemos dado cuenta de que existen otras opciones más eficientes para hacer crecer una empresa cuando hemos comprobado que los sistemas planos funcionan mucho mejor.

La buena noticia es que las redes sociales implantadas en una empresa optimizan el funcionamiento de los modelos horizontales de organización empresarial y les hacen ser mucho más competitivos que los obsoletos modelos verticales.

Las desventajas que venimos arrastrando desde hace dos siglos son evidentes:

- Obsesión por medir en tiempo el proceso productivo y las horas que los colaboradores deben permanecer en la empresa, sean productivos o no.

- Supervisión constante por parte de un superior.

- Pérdida de la posibilidad de llegar al público objetivo que nos interesa en las mejores horas para ello.

- Utilización de canales obsoletos para darse a conocer: publicidad.

- Remuneración según rendimiento.

- Falta de objetivos claros y de motivación.

- Continuidad en una misma empresa durante el mayor tiempo posible.

- El colaborador o trabajador, que no opine ni tenga derecho a opinar.

Así que el primer paso consiste en empezar a invertir todo esto. Pero no nos referimos a hacerlo de forma brusca, ya que ambas pirámides tendrán que coexistir durante algunos años más. ¿Entonces cómo? Haciendo que quien se encuentre más cerca del cliente sea quien pueda motivarle sobre sus decisiones de consumo de productos o servicios (tal y como te hemos explicado en el capítulo 6 cuando hablábamos de los usuarios influyentes), creando las condiciones para que haya más líderes que jefes, contratando personas con talento multifuncional y dándole voz y voto a los colaboradores. Tan sencillo como eso. ¿Pensabas que sería más complicado?

PASO 2

Optimizar y actualizar la web y el blog de la empresa

> **Reflexión en un tuit:**
>
> «Para que una web o un blog funcionen, hay que edificarlos de manera que los usuarios sientan que les pertenecen», **María Redondo (@mariaredondo).**

Durante nuestra trayectoria profesional, hemos observado que un 88% (aproximadamente) de nuestros clientes tenían en funcionamiento una web obsoleta en todos los sentidos, es decir, poco preparada para los cambios de algoritmo de Google, sin adaptaciones a la normativa *responsive,* nada optimizada para SEO *on-off page* y sobre todo carente de las reglas básicas de la usabilidad y legibilidad.

La buena noticia es que crear una web de calidad optimizada desde cero no cuesta tanto como hace unos años, y cada vez resulta más importante tenerla. De hecho, nosotros mismos hemos incorporado el diseño y desarrollo web entre los principales servicios que ofrecemos desde theplancompany.com debido al incremento de demanda de este elemento que se ha vuelto indispensable para una buena estrategia en redes sociales.

Estamos convencidos de que cualquier intento de implantación de redes sociales sin una web/blog detrás que esté en condiciones será una pérdida de tiempo y recursos.

Por eso te recomendamos que la web de tu empresa, ya seas tú el dueño o la persona que gestiona la estrategia en redes sociales, posea al menos las siguientes características:

- Que esté montada en un gestor o CMS de contenido (que ya integre un blog).

- Que pueda automantenerse cuando haya actualizaciones.
- De fácil uso para el usuario.
- Que integre redes sociales y *plugins* para compartir.
- Que posea formularios de captación de datos.
- Que permita la interacción abierta por parte de los usuarios.
- Que esté preparada para incluir otros idiomas en el futuro cercano.

Estos elementos que mencionamos son solo algunos de los que debes tener en cuenta. Recuerda que la web de una empresa ya es su vitrina, incluso si no tienes una tienda *online*. De la misma forma, el blog ya es el departamento de Relaciones Públicas de tu empresa.

Nota: si tienes una tienda *online* con más de 10.000 productos en tu catálogo, algunos de los elementos de la lista anterior podrían variar. Una web para un eCommerce es un mundo en sí misma, y cada una tiene sus propias características, así que este tipo de webs deben ser diseñadas y programadas, desde cero, por especialistas (búscanos y pregúntanos a través de cualquiera de nuestros perfiles en redes sociales y te recomendaremos a los mejores).

PASO 3

Inclusión de profesionales, asesores y herramientas

En principio, tendrás que considerar la incorporación de nuevos elementos que se sumarán a lo que ya venías haciendo. No te preocupes, que no se les solaparán; solo se unirán y optimizarán tu empresa, siempre manteniendo la premisa de ajustar la inversión a los objetivos marcados.

Según nuestra experiencia, los elementos mínimos que tendrás que incorporar, dependiendo de tu presupuesto, son:

1) Un asesor experimentado en implantación de redes sociales de forma estratégica.

Esta persona será quien guíe a la empresa dentro del complejo camino hacia el 2.0 y quien ayude a implantar las redes sociales de forma profesional y coherente. Será también la persona que elabore el plan de social media marketing, así que deberás tener mucho cuidado con la elección, ya que el éxito de todo lo que hagas dependerá de su criterio, experiencia y conocimientos.

Tendrá que ser una persona que más que hacer (que lo hará) tendrá que mostrarle a la empresa y a quienes deciden todo lo que hay que llevar a cabo para convertir una empresa tradicional (física) en una empresa conectada en la red.

Nota: no tienes que contratar a este profesional cada mes. En nuestro caso, hemos visto que nos contratan entre una y tres sesiones de asesoría iniciales y algunas más luego, en caso de que lo necesiten.

2) Una persona (como mínimo) que te ayude con la parte operativa de la gestión en redes sociales, o bien necesitarás formar a alguien adecuado del equipo de personas existente ya en la empresa.

Como ya hemos explicado en el capítulo 2, no recomendamos contratar a un becario porque te resulta más económico, sino a alguien que case con la filosofía de la empresa, que haya tenido cierta exposición a entornos de gestión similares, pero sobre todo que sepa qué hacer y cómo hacerlo, y eso no está al alcance de los becarios.

También existe la opción de que formes a alguien de tu equipo actual, o bien que te formes tú en algún curso o posgrado sobre social media y marketing digital. Si transcribes en tu navegador el enlace http://bit.ly/ComoElegirCursos, encontrarás buenos consejos acerca de cómo elegir el mejor curso, posgrado o máster sobre estos temas en función de tus necesidades y presupuesto.

En cualquier caso, la persona que tenga la responsabilidad de gestionar las redes de forma diaria tendrá que desenvolverse con una metodología consensuada y aprobada por todas las partes. Lo mejor es que haya sido probada con algunos ensayos previos.

Esto incluye crear una base de datos de blogueros y tuiteros del sector, interactuar en las redes sociales al menos un par de semanas antes del lanzamiento con alguien sénior en gestión de redes que pueda guiarle en la gestión avanzada y empezar a crear y *curar* contenido apropiado y en función de los objetivos que se desean alcanzar.

Nota: te recordamos que en el último capítulo te recomendamos algunas herramientas de marketing digital que te permitirán generar mejores resultados en menos tiempo.

PASO 4

Organización y gestión de tus clientes actuales y potenciales (bases de datos)

Seguramente tendrás un registro de los clientes que han comprado alguna vez tus productos o contratado tus servicios (aunque no siempre se da el caso) y es posible que tengas en algún lugar una lista de los clientes potenciales que se han interesado en ellos.

Como habrás evidenciado en los capítulos anteriores, cuando hablábamos de cómo crear y gestionar una estrategia para la generación e incremento de *leads,* uno de tus principales activos en la actualidad es la creación de una base de datos que contenga de forma ordenada y actualizada a todas las personas y/o empresas que alguna vez han comprado tus productos y servicios, así como a los que se han interesado alguna vez en ellos, incluyendo a los que por su perfil y gustos podrían también interesarse alguna vez en ellos.

Para lograrlo, te recomendamos la herramienta MailChimp para la gestión de bases de datos (gratuita hasta alcanzar los 2.000 registros). Es la que usamos nosotros. A continuación te mostramos un ejemplo para que puedas observar cómo podrías ordenar tus propios *leads* en esa herramienta.

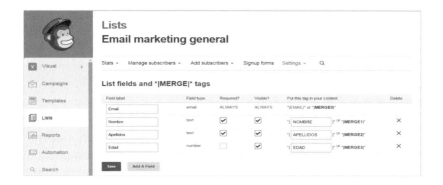

NOTA: además de MailChimp, existen otras herramientas simila-res, como WebEx (entre otras). Solo es cuestión de que las prue-bes, ya que tienen versión de prueba, de que leas lo que opinan otros usuarios de cada una de ellas y luego tomes una decisión.

En nuestras sesiones de formación siempre decimos que los dos principales indicadores que demuestran que un negocio que ha iniciado su proceso de digitalización va por buen cami-no son el crecimiento de la cuenta bancaria y el crecimiento de su base de datos.

Así que si aún tienes a tus clientes y posibles clientes dispersos en correos electrónicos o en una caja en la que guardas las tar-jetas de visitas, ya es hora de que los organices y segmentes de manera precisa, de manera que puedas tener todo preparado para empezar a contactarlos de forma no intrusiva (en el paso siguiente te enseñaremos cómo) y comiences a aumentar tus ventas, y por ende, tus beneficios.

PASO 5

Crear una *newsletter* de valor y nada comercial

> **Reflexión en un tuit**
>
> «Es hora de acercarte a tus clientes. En los tiempos que vivimos, será muy difícil que ellos vengan a ti», **Pedro Rojas (@seniormanager).**

Es muy probable que durante los últimos 10 años tu bandeja de entrada de correo electrónico se haya visto inundada de miles de *e-mails* en los que te intentaban vender productos y servicios que no eran de tu interés. Este fenómeno, denominado *spam,* es el cáncer de los correos electrónicos y ha hecho mucho daño al marketing digital.

Así que debes alejarte de esa práctica y desarrollar acciones mucho más efectivas y menos intrusivas para las personas que podrían ser tus próximos clientes. Nos referimos a la nueva forma de configurar y enviar *newsletters* a través del correo electrónico, que sigue siendo hoy en día el canal más efectivo para vender.

¿Y qué tienen que ver las redes sociales en todo esto? Pues que las nuevas *newsletters* tienen que ser muy 2.0, es decir, deben incluir la posibilidad de que el contenido que has publicado en las mismas pueda compartirse en las redes sociales de quien las recibe y deben redirigir de alguna forma a las propias redes sociales de tu empresa.

Otros dos aspectos claves en las *newsletter* son el asunto que leerá quien la recibe en su correo electrónico y el propio contenido que la compone, en ese mismo orden, ya que si el titular no convence a la persona que recibe tu correo en su bandeja de entrada, lo borrará, o peor aún, lo enviará a *spam,* y entonces no podrás enviarle nada nunca más.

De la misma forma, si el asunto es rompedor y motivante y convence a la persona para abrir tu correo, pero luego el contenido no cumple con las expectativas que habías creado en el posible cliente, saldrá de allí volando y te habrá retenido en su memoria como una experiencia negativa, con lo que tendrás pocas oportunidades en el futuro para que se interese de nuevo en tus productos o servicios.

A continuación, te mostramos un ejemplo de lo que denominamos una *newsletter* 2.0 desarrollada para uno de nuestros eventos, y que hemos elaborado también desde las funcionalidades de la herramienta MailChimp.

¡El gran día ha llegado, toma nota de estos detalles para vivir el #SMMDay al máximo!

¡Hola Alberto! Te enviamos este correo con algunos temas prácticos que te facilitarán la participación al #SMMDay, después de leer el correo, ¡ya lo tendrás todo preparado!

1. Recuerda que el punto de encuentro es en el <u>Auditorio AXA - Centro Comercial L'Illa Diagonal</u> (Av. Diagonal, 547, 08029 Barcelona).
La mejor opción es **venir en transporte público**, aunque si vienes en coche, tienes un parking justo al lado del evento (centro comercial L'Illa Diagonal).

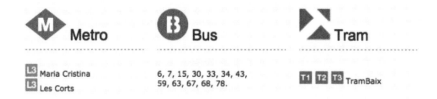

M Metro	**B** Bus	**▲** Tram
L3 Maria Cristina L3 Les Corts	6, 7, 15, 30, 33, 34, 43, 59, 63, 67, 68, 78.	T1 T2 T3 TramBaix

2. El **acceso al evento es a partir de las 9:00, ¡se puntual!** A las 9:30 empiezan las ponencias, ¡y no queremos que te pierdas ninguna!

3. Para poder acceder al recinto es **IMPRESCINDIBLE que muestres tu entrada desde el móvil o impres**a. (¡Es en serio!).

4. Consulta el <u>timming del evento y todas las ponencias</u>. Profundiza en los temas que tratarán y **prepara tus preguntas**, las podrás plantear a través de twitter usando el hashtag <u>#AskSMMDay</u>.

- Sorteamos **tres libros de Social Media** entre todas las personas que participen en Twitter y/o Instagram usando el hashtag #SMMDay.
- Un **curso de Growth Hacking Marketing** ¡está en juego! Si quieres participar, solo tendrás que tuitear la ponencia de Growth Hacking Marketing incorporando el hashtag #CursoGrowthHacking + una mención a @smclassroom.
- Durante el evento, también sortearemos **dos relojes de Relojesmania de la marca Mark Maddox y cuenta Gurú de 6 meses en SEMrush.**

¡Prepárate para vivir una gran mañana rodead@ de conocimientos, colegas de profesión, risas y mucho 2.0!

Como puedes apreciar, el contenido posee una combinación visual y textual que lo hace atractivo y útil al mismo tiempo.

En el caso de *newsletters* más comerciales, te recomendamos realizar una selección de los temas más útiles e interesantes de tu sector en particular y que no sea egocéntrica, ya que hablar solo de tu empresa es contraproducente.

Debes centrarte en ayudar a quien recibe el contenido aportando temas que pueden interesarle o servirle. Asegúrate de que estén visibles también las opciones para conectar con la empresa a través de sus redes sociales.

PASO 6

Generar las acciones y mecanismos necesarios para la entrada de la empresa en la red

1) Crear una propuesta de valor para las personas a las que nos vamos a dirigir. Pero solo de valor para ellas, no necesariamente para nosotros. La idea es que generemos acciones enfocadas en llamar su atención, y cuando decimos su atención, no nos vamos a enfocar en todo el público, sino en una parte pequeña pero importante del mismo.

Se trata de crear un plan de atracción de personas influyentes en el sector o industria de la empresa bajo el principio que ilustramos a continuación, al que hemos denominado la pirámide de la influencia en la red.

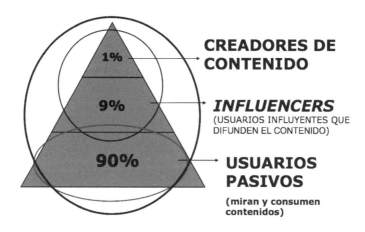

En esta pirámide, podrás observar que el 10% de todo lo que se publica en redes sociales proviene de creadores de contenido original y de los influyentes, y el 90% solo consume estos contenidos, o bien los comparte, pero no crea contenido nuevo, ya que no posee la capacidad para hacerlo.

Es decir que si concentras tus esfuerzos en atraer a quienes conforman este 10% y hacerles saber que existes (visibilidad), puedes conseguir que ellos difundan tus contenidos en sus propias redes sociales, consiguiendo a su vez que lleguen al restante 90%, con la ventaja de ser difundidos por personas a las que consideran influyentes.

Esto también se traduce en que no tendrás que realizar el esfuerzo de intentar llegar al 100% de tu audiencia (solo al 10%), lo que equivale a un ahorro de costes y productividad que resulta en monetización, justo de lo que trata este libro.

2) Generar contenido textual, audiovisual, infográfico y *podcasts,* así como concursos y otros elementos motivadores que den la posibilidad de iniciar una campaña en las distintas redes sociales que has elegido para la estrategia.

Seguramente, la empresa necesitará invertir tiempo (y algo de dinero) en la creación de estos contenidos, que serán el pilar de la estrategia inicial y tendrán que estar en concordancia con lo establecido en el plan de social media marketing.

Solo con ayuda de profesionales que ya lo han hecho antes podrás conseguir que el contenido sea rompedor, imaginativo y de utilidad para el público objetivo.

3) Entra en grupos y foros de tu sector y conviértete en solucionador de problemas y respondedor de preguntas. Aporta comentarios útiles, publica contenidos interesantes y de valor.

Estos espacios son perfectos para captar *leads*, pues son personas que ya están en la red y que están interesadas en lo que vendes u ofreces. ¿Cómo? Pues cada vez que veas que alguien pregunta algo cuya respuesta podría llevar a unos de tus productos o servicios, ofrece tu ayuda de forma no comercial y recuerda solicitarle sus datos de contacto para enviarle o ampliarle la información que necesita. ¡Así de sencillo!

PASO 7
Reducir poco a poco el soporte presencial y migrarlo a la web/blog

El servicio que más éxito tiene en la actualidad es el que el propio cliente se presta a sí mismo: nunca se sentirá insatisfecho.

Disponer de un autoservicio *online* 24/7 que permita preguntar, comprar y comentar cuando uno quiera no solo le quita trabajo a la empresa, sino que deja satisfecho al cliente.

Es fundamental que cualquier persona pueda consultar las recomendaciones de otros clientes y al mismo tiempo pueda dejarnos sus sugerencias, ideas e inquietudes; y si se trata de una tienda *online,* que además pueda consultar el estado de su pedido, así como su historial de compra.

En la actualidad, todo esto ya debe poder hacerse desde cualquier smartphone, ya sea con una aplicación o con una web preparada para estos dispositivos.

Otros efectos colaterales positivos que resultan de poner a disposición del cliente espacios en los que pueda interactuar por su cuenta son:

- Que nos pueden decir cómo podemos mejorar y en qué estamos fallando.

- Que pueden aportar sugerencias e ideas que mejoren la calidad de lo que ofrecemos.

- Que al darles la oportunidad de participar nos mencionen en sus propias redes sociales.

- Que aporten inteligencia colectiva y nos ayuden a ser innovadores.

- Que ayuden a otros clientes o potenciales clientes en su toma de decisión.

- Que nos descubran nuevas fuentes de inspiración para desarrollar nuevos conceptos.

Este tipo de servicio es casi obligado si se trata de una tienda *online.* Para ello se deben definir de forma óptima las áreas de mayor importancia según la actividad de la empresa de forma que se ofrezcan soluciones idóneas a quien las busque.

PASO 8

Asegúrate de que puedes medir el impacto de las redes sociales en los ingresos de la empresa

Como ya te hemos explicamos en capítulos anteriores, es importante que elijas un objetivo que tu compañía pueda medir. Tendrás que demostrar que estás avanzando hacia este objetivo o no, y si no puedes medirlo, te va a resultar muy complicado demostrar que las redes sociales realmente pueden traer beneficios.

Una de las tareas más difíciles es precisamente medir el impacto de las redes sociales en los ingresos de la empresa. Para conseguirlo, lo único que puedes hacer es conectar lo que alguien ha invertido (o comprado) en productos o servicios de la empresa a una acción en redes sociales. ¿Te imaginas poder conectar un tuit o una publicación en Instagram a una venta?

Para poder medir este impacto de forma tangible, debe existir una conexión formal entre la red social utilizada y un sistema de seguimiento, como por ejemplo, un pixel de conversión o un *Customer Relationship Management* (CRM), desde donde sea posible monitorizar las ventas asociadas a las acciones en una red social en particular y se pueda rastrear el origen de la venta.

¿Qué es un píxel de conversión? Es un elemento que permite el seguimiento de las conversiones de clics en ventas y que permite comprobar la eficacia con la que dichos clics en las publicaciones en redes sociales generan una actividad valiosa por parte del cliente, como compras en el sitio web, llamadas de teléfono, descargas de aplicaciones, inscripciones en boletines informativos, etc. El proceso de configuración varía según el tipo de conversión del que se realice el seguimiento. Por este motivo, lo primero es elegir una fuente de conversiones, es decir, la procedencia de las conversiones.

Para ello, la empresa ya debería estar midiendo este impacto desde las acciones de marketing digital.

Si la empresa no se ha interesado nunca en medir el impacto que las acciones de marketing digital pueden tener en los ingresos, es menos probable que lo haga en el caso de las redes sociales. Si tampoco ha identificado las acciones de marketing tradicional que han sido más efectivas para retener clientes, será igual de difícil medir los ingresos obtenidos de los clientes actuales que han venido a través de las redes sociales.

Si esta es la situación de tu empresa y no puedes hacer nada al respecto, no te desalientes: será más complicado demostrarlo, pero no imposible. Solo te llevará más tiempo medir el volumen de ventas e ingresos relacionados con las acciones que lleves a cabo en redes sociales.

Una de las opciones que tienes y que puedes implementar sin invertir dinero, pero sí invirtiendo tiempo, es crear tu propia base de datos de *leads* generados a través de las redes sociales. Consiste en crear un plantilla en Excel en la que reflejes (en un listado) cada posible cliente con el que interactúes en cada red y que se haya hecho seguidor de las redes sociales de la empresa desde este instante.

Este listado puede contrastarse luego y de forma regular con el de los clientes de la empresa para saber cuáles de ellos se han originado desde las redes sociales y cuáles han generado ventas desde que se ha empezado a llevar este control manual.

Consigue que sea relativamente fácil comprar desde las redes sociales usando formularios para *leads* a cambio de contenido de valor. Si tu ciclo de ventas dura menos de seis meses, será bastante sencillo que puedas demostrar resultados positivos en poco tiempo, y estos *leads* son muy fáciles de rastrear. Para hacerlo, la empresa necesitará invertir algo de dinero en programación, pero al final habrá valido la pena.

En este punto es fundamental que tanto tú como tu equipo de social media entendáis cómo funcionan las redes sociales de manera que estas no intenten vender los productos o servicios como se hace en publicidad.

Ya te darás cuenta de que los resultados dependerán de si tu audiencia está presente, de cómo interactúa y de cuán rápido puedes mostrar resultados. Las redes sociales no suelen mostrar resultados de un día para otro; esto no es un esprint, sino más bien como un maratón. Pero aun así, es menester que te pongas en el lugar del empresario o emprendedor: ellos controlan el presupuesto y empiezan a hacerse a la idea de que necesitan estar presentes en las redes, así que parte de tu trabajo consiste en demostrarles por qué han de esperar y qué resultados deberían esperar.

Hay infinidad de beneficios intangibles cuando desarrollas una estrategia en redes sociales, pero en este caso serán muy tangibles: el dinero no miente y conseguirlo es el mejor resultado que podrás alcanzar.

PASO 9

Dospuntocerizar tu presencia física

Reflexión en un tuit

«Las empresas se conforman con tener presencia en redes sociales, cuando lo que necesitan es estar presentes en ellas», **Pedro Rojas (@seniormanager).**

Todavía nos resulta curioso ir a una tienda o restaurante que posee presencia en redes sociales y que no muestre físicamente dicha presencia. Es como si pensaran que las personas que van a sus locales son adivinas o que así sin más realizarán algún tipo de acción en sus propias redes sociales que mencione, o mejor aún, que recomiende estos locales sin ningún tipo de recordatorio ni motivación.

La tienda física, el local de la empresa y todo lo tangible que sea parte de ella debe recordar y motivar de forma visible y creativa que la empresa o marca está en una o varias redes sociales en particular, de modo que cualquier persona que les visite o incluso que pase por allí se sienta influida de alguna forma a realizar menciones o recomendaciones en sus propios perfiles sociales.

Esta motivación o recordatorio podría incluir descuentos o premios a quien realice algunas acciones en su perfil social, tales como un «me gusta» en Facebook, o mejor aún, un comentario en Instagram, un «tuit mención» en Twitter, un Pin en Pinterest o algo por el estilo.

Se trata de acciones que representan una campaña publicitaria coherente y focalizada en tu público objetivo –ya que alguien que está en tu local probablemente tenga amigos y conocidos con un perfil de gustos y conductas similares– con descuentos o premios que te costarían muy poco en comparación con una campaña similar de publicidad.

Te ponemos un ejemplo para que lo visualices mejor. Imagina por un momento a todas las personas que visitan un restaurante durante una semana y supongamos que alcanza a un promedio de 300 personas cada semana. Dependiendo del día y la hora, habrá personas de distintas edades, estado civil, género, horas de conexión a internet, etc. El 90% de ellas tiene presencia en una red social con menos o más actividad.

Ahora imagina que con elementos visibles, descuentos y premios se consigue que la mitad de ellos realice alguna acción en sus redes sociales. Tendremos a 45 personas cada semana diciendo a sus amigos y conocidos que han estado comiendo en ese lugar. ¿Imaginas el alcance después de seis meses? ¡Más de mil personas diciendo que han ido a ese restaurante!

El impacto es brutal debido a que no es publicidad como tal, sino lo que llamamos boca a boca, es decir, cualquiera que vea esa publicación podría pensar que su amigo o amiga ha publicado eso porque le gustó la comida de ese sitio, lo que podría motivarle a ir alguna vez, o simplemente podría ponerle en conocimiento de que ese restaurante existe, cosa que antes no sabía, lo que podría hacer que quiera conocerlo.

Ahora imagina que ese mensaje ha llegado de forma efectiva a unas 10 personas como promedio y que solo el 20% de ellas se interese en ir al restaurante en cuestión solo porque su amigo de esa red social estuvo allí ¡Son más de 2.000 personas durante seis meses!

Solo la televisión podría igualar o superar eso. Y lo único que ha hecho el restaurante es estar en redes sociales y motivar a los visitantes de alguna forma a darle difusión en sus propias redes sociales.

Te aseguramos que estamos siendo conservadores en las cifras, pues podrían ser más, ya que si te fijas, el cálculo es exponencial; es decir, al segundo mes (o antes) ya habrá más personas comiendo en el restaurante producto de las acciones iniciales, que también harán acciones en sus redes sociales y que se sumarán a los que hemos calculado en el promedio inicial. ¿Lo ves?

Otra buena forma de crear estas menciones positivas es mediante la organización de eventos 2.0, que no son más que reuniones de clientes, posibles clientes e influyentes en tu local (o en otro lugar) promovidos por ti mismo con ayuda de la red y sus herramientas de difusión.

Imagina que tienes una tienda en la que venden productos para el hogar. Podrías organizar un taller gratuito cuya única condición para asistir fuese una acción en las redes sociales de quien desee asistir y en la que mencionen tu marca o productos. ¿Lo visualizas? Tendrías a clientes potenciales en tu tienda diciendo a sus amigos de perfil similar que están allí.

Podrías también hacer un vídeo del taller y entrevistas a los participantes, que luego colgarías en tus redes sociales y que ellos seguro que difundirían al verse como protagonistas ¡Dinos si esto no es mejor que la publicidad!

Aquí la lectura es que mientras más personas mencionen tu tienda, tu empresa, tu marca o tus productos y servicios, más clientes reales y potenciales tendrás, lo que hará incrementar tus ventas, y qué mejor forma de hacerlo que con las personas que ya te visitan. Este principio puede aplicarse a cualquier modelo de negocio, incluso en modelos B2B.

PASO 10

Revisa lo que ya están diciendo de ti en la red

Solo sabiendo lo que dicen de ti en la red y posicionando a tu marca o empresa de forma positiva conseguirás monetizar tus acciones en redes sociales.

En social media lo conocemos como gestión de la reputación *online,* y se refiere a las acciones que debes llevar a cabo para poder tener cierta influencia (que no control) sobre la reputación digital de tu empresa.

Y no se trata centrarse en generar menciones positivas en redes sociales ni de contrarrestar cualquier mención negativa, sino de aprender desde todos los comentarios que recibas en redes sociales de forma que puedas aprender desde lo que funciona y también de tus errores. Así que te recomendamos que crees un registro de todas las menciones importantes (positivas y negativas) que puedan servirte para el futuro con el fin de que puedas consultarlas siempre que lo necesites.

Crear (primero) una buena reputación digital y mantenerla (después) es una tarea ardua y compleja, ya que están involucrados varios protagonistas, sobre todo, los cientos de miles de usuarios que están conectados en un momento determinado a sus redes sociales.

Se trata de identificar, monitorizar y en muchos casos responder a todo lo que represente una opinión sobre tu marca, empresa productos y/o servicios proveniente de usuarios que ya están participando con sus conversaciones y opiniones en redes sociales.

Debes entender que tu marca está flotando en un mar de conversaciones que no deja de arrojar olas en todas direcciones, con información objetiva y también interpretada desde ángulos diferentes que conformará la posible opinión de otras personas en la red.

Las redes sociales se han convertido en un espacio que cada vez tiene más fuerza en la creación y mantenimiento de la reputación de cualquier marca. En ellas tu empresa está a merced de todo lo que se diga o deje de decir.

Así que tendrás que tener en cuenta las acciones necesarias que contribuyan a incrementar los comentarios positivos, así como minimizar el impacto de los negativos para posicionar tu marca con coherencia dentro de la red. Para eso te dejamos la siguiente lista con la que puedes empezar.

Ocho acciones necesarias para salvaguardar la reputación de tu marca o empresa

1. Protege tu nombre de marca.

Ahora mismo, ve a Google y teclea el nombre de tu marca o empresa ¿Qué aparece? Ahora prueba agregando palabras de connotación negativa como estafa, aburrida o queja ¿Qué otros resultados aparecen? Ahora ve a las principales redes sociales y haz lo mismo.

Este ejercicio deberías hacerlo cada semana. Es imperativo que lo hagas, ya que es absolutamente necesario que tengas bajo control todo lo que otras personas están diciendo sobre tu empresa en la red. Es importante también tener identificados los comentarios en redes sociales o por lo menos los de las más importantes.

2. Atrae a contactos de tu sector.

Busca en redes sociales a personas que se autodenominen especialistas de tu sector o industria y genera acciones donde les mencionas con el objetivo de que sepan que existes y al mismo tiempo expresen su reciprocidad.

Construir este tipo de vínculos en las redes sociales en las que se desenvuelve tu marca es muy importante. Estos usuarios pueden ayudarte a acercarte a muchos más usuarios de la forma más efectiva, con el boca a boca.

3. Conviértete en creador de contenidos.

Nada mejor para generar una buena reputación *online* que el hecho de que tus contenidos aparezcan y se difundan en las redes sociales. Contenidos propios que muestren lo mejor de tus productos o servicios, lo que como empresa aportas al sector, lo que tus consejos enriquecen a personas que utilizan los productos o servicios de tu empresa.

Una estrategia de creación de contenidos asociados a tu marca es la mejor herramienta para posicionarte y mostrarte como una empresa especialista en tu campo.

4. Utiliza diferentes tipos de formatos.

No te conformes con escribir artículos. Recurre también a otros formatos potentes, como infografías, vídeos, fotografías, *webinars, podcasts* y todo lo que tengas a tu alcance.

Utilizar cualquier tipo de plataformas que disperse tus mensajes y que al mismo tiempo concentre tus esfuerzos es siempre una estrategia inteligente para posicionar contenidos de manera eficaz.

5. Comenta, publica y vuelve a comentar.

Para formar parte de la conversación debes ser un protagonista y un contribuidor en la misma. No te conformes con publicar. Luego debes comentar y seguir los otros comentarios, tanto en foros y redes sociales como en blogs o espacios de terceros. La participación es la clave de la visibilidad positiva.

6. Entrevista a personas influyentes o destacadas.

Es simple: debes contactar a personas influyentes o destacadas de tu sector y pedirles una entrevista para responder preguntas con contenido de valor para tus clientes potenciales. Muchos aceptarán la entrevista para sacar provecho de su propia reputación sin nada a cambio, otros te la concederán a cambio de un enlace en sus blogs y es posible otros te pidan dinero. Todo dependerá de los recursos con los que cuenta tu empresa.

7. Participa en eventos.

Una de nuestras principales recomendaciones a empresas que están empezando es que participen en eventos profesionales de su sector, y si ven que no les invitan o no consiguen ser parte de los ponentes o expositores, les recomendamos crear su propio evento.

Un evento puede ser desde una charla de tres horas a una conferencia o feria de exposición. El hecho es que son una muy buena forma de atracción y de establecimiento de lazos con personas interesadas en tus productos o servicios. Es importante que te mantengas informado acerca de los distintos eventos que se van organizando sobre tu industria para intentar asistir de forma regular a los mismos. Además servirá para mantenerte al día en torno a todo lo que acontece en tu sector.

8. Monitoriza tu reputación y posicionamiento.

Ya es prácticamente una obligación el hecho de comprobar de forma regular qué están diciendo sobre tu empresa, marca, productos o servicios en redes sociales. Para ello, tendrás que apoyarte en herramientas diseñadas para monitorizar la reputación *online,* como por ejemplo, Google Alerts.

Como diría Manuel Moreno, de @TreceBits, «tus cuentas de usuario en redes sociales son tus otras casas, y tu misión es hacer que las visiten».

TODO BIEN HASTA AHORA, PERO ¿DÓNDE ESTÁ EL DINERO EN LAS REDES SOCIALES?

9

Existe una gran diferencia entre las empresas que consiguen monetizar sus redes sociales y las que no. Las empresas, o las personas dentro de las empresas, que no saben hacerlo tampoco saben cómo hacer «despegar» una estrategia o campaña que tenga como resultado beneficios. En la mayoría de los casos, se conforman con subir un vídeo a YouTube (el cual les ha costado un montón de dinero producir y editar) o con publicar cualquier cosa en Snapchat, porque les han dicho que «hay que estar» o publicar una foto en Instagram, porque su producto es «muy visual», y con eso ya dicen que tienen una estrategia de redes sociales.

Pero, como ya habrás aprendido al llegar a este capítulo del libro, crear y luego gestionar una estrategia en redes sociales es mucho más que publicar cualquier cosa en la red.

Las empresas, y las personas dentro de las empresas que sí saben generar dinero con sus redes sociales, han determinado objetivos, creado un plan y ejecutado acciones coherentes, lo que les ha llevado a generar dinero.

Aunque es posible que a lo largo de la lectura de este trabajo ya hayas entendido todo lo que debes hacer para monetizar las redes sociales de una empresa, si no empiezas a hacerlo ahora, no verás dinero por ningún lado, ya que no es un acto de magia, sino un proceso que hay que seguir para conseguirlo.

Con eso en mente, aquí te explicamos los primeros puntos con los que puedes empezar a ver dónde está el dinero en el uso de redes sociales:

1. Medir. Es lo primero. Medir te permitirá saber si tus ventas, facturación, tráfico a tus webs, posicionamiento y otras

variables están aumentando, decreciendo, mejorando o empeorando. Medir es dinero.

2. Crear objetivos. No nos cansaremos de repetírtelo. La mayoría de las veces, las empresas se equivocan confundiendo acciones con objetivos. Por ejemplo, crear un blog para difundir contenidos no es un objetivo, es una acción. Un objetivo sería el número de personas que deseas que visiten el blog, determinando también de que zona geográfica quieres que provengan.

Hay vida después de Facebook e Instagram. El dinero está en las redes sociales que más convienen a tu producto, servicio, sector o industria, y no a las redes de las que más has escuchado por ahí. Los que hacen dinero con estas herramientas han sabido identificar la plataforma que más les conviene, incluso puede que se trate de un simple foro específico de tu sector.

Por ejemplo, cuando desarrollamos la estrategia de redes sociales para la conocida marca de lanas Katia, nos dimos cuenta de que una de las redes sociales que teníamos que usar era Ravelry.com, una red social vertical muy concurrida de personas interesadas en el mundo del tejido con agujas y ganchillo.

> **Nota:**
>
> Una red social vertical es una plataforma en la que solo se tratan temas de un sector muy concreto. Por lo general, son creadas por un particular que solo permite la publicación de contenidos sobre ese tema, con lo que atrae únicamente a personas interesadas en el mismo.

3. Crear *landing pages.* Aunque ya hemos hablado de ellas, su traducción sería «páginas de aterrizaje». Una *landing page* es un elemento expuesto en un sitio que ha sido diseñado de forma muy atractiva con el fin de que personas interesadas en algún producto o servicio concreto se sientan

atraídas a ejecutar alguna acción y debido a ello terminen dándote sus datos.

Las *landing pages* son verdaderas máquinas de hacer dinero. Consulta con un especialista que sepa cómo diseñarlas y programarlas de acuerdo con tus objetivos y se convertirán en una herramienta indispensable en tu estrategia para monetizar las redes sociales. ¡Importante! Solo funcionan si están integradas con un blog y redes sociales.

4. No trates a las redes sociales como meros canales de marketing tradicional o de publicidad: tienen ciertas similitudes, sí, pero no son iguales.

El dinero no vendrá porque publiques una imagen de un producto en Intagram, por ejemplo como si se tratase de una valla publicitaria en una autopista; el dinero vendrá por el valor que aportes, la utilidad que ofrezcas y las experiencias que generes para tus seguidores en esa red.

5. Remarketing de *leads,* es decir, hacer acciones de marketing con los clientes potenciales que ya has captado a través de *landing pages.*

La mayoría de quienes te dejen sus datos no te comprarán nada. De hecho, muchos no lo harán nunca, aunque esto no significa que no puedan cambiar de opinión y lo hagan algún día.

La monetización consiste en convertir esos leads que has llevado a tus sitios gracias a las redes sociales en clientes a través de procesos más convencionales, como llamadas telefónicas o correos electrónicos, o también con acciones dentro de las propias redes sociales por medio de las cuales llegaron a ti.

Convierte tu campaña de redes sociales en una campaña de marketing. Ya sabemos que hemos dicho unas mil veces que no se puede vender a través de las redes sociales, pero no podemos ser taxativos en ese aspecto ni tomar a rajatabla lo expuesto en el punto anterior. Así que también monetiza vendiendo de vez en cuando.

No tiene nada de malo publicar una oferta, un descuento o un nuevo producto y venderlo en la red. No se trata solo de difundir algo; también se trata de que las personas en tus redes sociales vean tu lado comercial. La diferencia está en publicar solo ventas, lo cual sí es muy malo para ti, y en saber que el contenido de valor es lo que debe prevalecer en tus publicaciones, lo que no significa que puedas hacerlo si es necesario.

6. Entender cómo funciona cada red sin excepción. No importa si alguna red no te gusta, no la entiendes o ves que no es para gente de tu edad. Lo que importa es que aprendas cómo funciona para saber si puedes o no utilizarla en tu estrategia de generación de ingresos.

    Si no entiendes o no te gusta alguna red social, podrías estarte privando de los beneficios monetarios que podría ofrecerte su utilización.

    Una vez, hace unos años, un flamante director de Marketing de una conocida multinacional nos dijo que, y citamos de manera textual, «... Instagram es solo una moda sin sentido para personas que no tienen nada más útil que hacer...».

    Esto lo dijo antes de que la comprase Facebook y se convirtiese en la segunda red social más usada en España (la primera es WhatsApp). Por favor, no te conviertas en esa persona.

7. Sé parte del juego, sé un jugador. Muchos de los responsables de las empresas que asesoramos no quieren involucrarse de forma directa en la gestión de las redes sociales de sus empresas debido a miedos infundados, poco conocimiento del mundo 2.0, normas obsoletas de la empresa y otras razones sin sentido.

    Seguro que desde The Plan Company podemos impulsar la monetización de tus redes sociales, pero si tú como usuario te involucras, los beneficios generados se multiplican en función de tu grado de implicación; es decir, los asesores y herramientas son importantes, pero más importante eres tú.

8. Invierte tiempo, sí, mucho tiempo. Piensa en las redes sociales y tu empresa como en un matrimonio. Seguro que ya sabes que una relación de pareja sin inversión de tiempo en la relación será un desastre.

De la misma forma que una relación necesita inversión de tiempo de calidad, las redes sociales lo necesitan para que funcionen y puedan generar esos beneficios que quieres conseguir con su uso.

Otra cosa: una vez que entras en redes sociales, debes estar para gestionarlas o contratar a alguien que lo haga, así que piénsalo bien antes de dar ese paso.

1. Acciones para seguir monetizando

1. Como ya te hemos dicho, ten un blog, y si ya tienes uno, haz que un especialista en SEO lo revise. Si tu blog tiene más de un año sin haber recibido mantenimiento SEO, lo sentimos, pero está obsoleto en su capacidad para posicionar.

Si generas contenido en blogs y en las mismas redes sociales, entonces será mucho más fácil llegar tus clientes potenciales (*leads*). Lleva a cabo una auditoría o revisión a conciencia de los contenidos que tus clientes potenciales publican, de los contenidos que otras empresas similares a la tuya publican y, sobre todo, fíjate qué comparten. Eso te dará una idea de qué puedes publicar en tus sitios.

2. Busca todo lo que hacen empresas similares a la tuya para crecer en redes sociales y analízalo. Seguro que hay algo que te puede servir.

Reflexión en un tuit

«En redes sociales, tu competidor es también uno de tus mejores asesores», **Berta Álvarez (@bertaalvarezc).**

Por otro lado, existen cientos de estudios en Google que hablan sobre la medición de resultados y beneficios en redes sociales que te ayudarán a determinar algunas métricas clave.

Algunos ejemplos de lo que tienes que buscar ya los hemos mencionado en este libro. Tú solo asegúrate de que estos estudios estén enfocados en lo que de verdad importa, es decir, tráfico, posicionamiento, visibilidad y/o incremento de la base de datos.

3. Elige las plataformas (redes sociales), herramientas y tecnologías que se adapten a:

   - Tu presupuesto.

   - Tu tiempo.

   - Tus objetivos de negocio.

   Te lo repetimos: no cometas el error de elegir todas las redes sociales disponibles para intentar abarcar más o elegir de forma apresurada: puede retrasar la obtención de resultados.

4. Identifica a las personas que forman parte de la empresa que podrían colaborar de forma voluntaria en la estrategia.

   Te parecerá increíble lo que te vamos a decir, pero en la mayoría de las empresas que hemos asesorado, nos hemos encontrado con personas que están deseosas de colaborar con sus propias redes sociales para ayudar a impulsar las redes de la empresa; incluso mejor, personas que de manera voluntaria nos manifiestan que les gustaría gestionar parte de la estrategia de social media de la empresa.

   Es decir, en todas las empresas hay personas que estarían interesadas en ser los responsables de gestionar las redes sociales.

   Asimismo, lo mejor que puedes hacer es dejar claro que cada empleado o colaborador tiene su rol dentro de una campaña de redes sociales en la empresa. Asegúrate de hacer que en todos los niveles de la empresa se entiende lo que cada quien podría aportar.

Del mismo modo, si consigues definir quiénes son usuarios influyentes dentro de tu empresa, podrás contar con líderes naturales que podrán impulsar la estrategia.

Estos aspectos te ayudarán a definir mejor las estrategias en redes sociales que generan beneficios y hacer énfasis en las que encajan con tus objetivos de negocio.

Como complemento, te vamos a mostrar dos ejemplos que nos han funcionado para monetizar las redes sociales de una empresa:

Ejemplo 1

Hechos

Una vez hemos formalizado la manera de hacer seguimiento a las acciones en las redes sociales de la empresa para saber si se cumplen los objetivos que nos hemos marcado, es hora de saber cómo medir esos resultados y contrastarlos con los objetivos.

Acciones

Lo primero que harás será monitorizar esas métricas en las distintas plataformas. Lo segundo será identificar patrones relevantes y resultados que te sirvan para empezar a saber si vas por buen camino. En tercer lugar, determinarás cuál es el ROI de lo que hemos hecho y de lo que hemos obtenido usando las fórmulas expuestas en el capítulo 4 para determinar cómo hemos monetizado con esas acciones.

Ejemplo 2

Hechos

Buscamos entre los competidores de nuestros clientes los dos que mejor lo están haciendo en sus estrategias de redes sociales, es decir, cuáles están recibiendo más comentarios, posicionamiento y visibilidad (y posiblemente ventas).

Acciones

Visitamos las plataformas de ambos y estudiamos qué están haciendo que podamos usar como inspiración para luego diseñar acciones en concordancia dentro de nuestro propio modelo. Si ellos monetizan, nosotros también monetizaremos.

2. ¿Por qué no estás vendiendo?

Vivimos en un mundo que se automatiza cada vez más, en el que los consumidores necesitan satisfacer sus necesidades de productos y servicios de la forma más eficaz y rápida posible, consumidores que saben qué quieren, cómo lo quieren y cuándo lo quieren.

¿Cuántas veces has entrado en una tienda física y al preguntar al dependiente sobre un producto te has dado cuenta de que sabes mucho más sobre ese producto que el dependiente que te atiende?

¿Y cuántas veces te ha sucedido que has entrado en una tienda física y al preguntar sobre un producto en concreto que has visto previamente en las redes sociales de esa tienda el dependiente te mira de arriba abajo porque aún no se ha enterado de lo que la tienda ha publicado en sus redes sociales?

La razón por la que no estás vendiendo es porque aún no has entendido cómo funciona el nuevo ciclo de la venta en el que las redes sociales tienen un rol fundamental.

3. Lo que no sucederá

Si has llegado hasta este capítulo, ya habrás descubierto que vender con una simple publicación de un producto a través de redes sociales es prácticamente imposible. Pero si esto es tan cierto y tan evidente, ¿por qué las empresas siguen intentando vender lo que sea en sus redes sociales? ¿Y por qué hay algunas que sí lo consiguen y otras no?

Vender de forma directa es una práctica común desde el principio del comercio en la humanidad, y esta práctica seguirá existiendo durante muchos años más como modelo de negocio, pero cuando se trata de redes sociales no es lo mejor que se puede hacer para vender.

Abres un perfil social de tu empresa en alguna red social; a continuación publicas una foto de un producto o servicio; acompañas la imagen con algo de texto; agregas un enlace que dirige al usuario a donde se puede comprar, ¡y listo! ¿Piensas que con esto empezarás a vender y a hacer dinero? ¡Pues no! Nada más lejos de la verdad. Lo cierto es que los usuarios de esa red no vendrán a comprar tal y como esperas, sino que se trata de un proceso mucho más complejo.

Lo curioso es evidenciar cada día cómo muchos empresarios piensan que las cosas en redes sociales funcionan así, cuando lo cierto es que intentar monetizar las redes sociales de esa forma es como jugar a la lotería y pensar en ganar.

Cabe un matiz sobre lo anterior: es posible que alguna vez alguna persona o empresa haya conseguido vender sus productos publicándolos en una red social, lo que no significa que esas ventas generen los beneficios suficientes como para mantener a la empresa ni que esa capacidad de venta sea sostenible en el tiempo.

Las empresas que han conseguido vender de esa forma directa (tan intrusiva) lo han conseguido por haber cumplido con ciertas características únicas y especiales que lamentablemente la mayoría de emprendedores y empresarios no conseguirán cumplir.

Y no es porque estos empresarios no puedan hacerlo, sino porque esas condiciones las deciden precisamente los consumidores, los usuarios que hacen posible ese raro fenómeno.

4. El truco

El truco es que quienes terminan vendiendo en redes sociales no lo hacen vendiendo de forma directa, sino con una combinación de acciones que hacen posible generar suficiente facturación como para obtener beneficios monetarios a través de sus publicaciones.

La clave está en entender cómo funciona el engranaje de las acciones que se adaptan a cada modelo de negocio, pero sobre todo en entender que las redes sociales son las puertas que abren los usuarios, no los empresarios, para llevar a cabo nuevas maneras de comprar y consumir, unas puertas que han dejado a todo el mercado tradicional obsoleto.

Tal y como apunta el especialista en marketing digital David Tomas (@davidtomas), «la capacidad más importante ante este entorno tan cambiante es la de saber adaptarse. Si no eres camaleónico y mutas casi a la misma velocidad que las tendencias que van llegando, en poco tiempo te puedes quedar obsoleto».

5. No lo llames vender; llámalo atraer

Lo que les enseñamos a hacer a nuestros clientes para sacar provecho y beneficios de sus redes sociales no lo llamamos vender; lo llamamos ¡atracción!

Atraer clientes hacia donde está el producto o servicio de una empresa no es cosa fácil debido a que conlleva a relacionarse con el cliente de una forma muy distinta a la tradicional de ¡yo vendo, yo compro! Se trata de algo mucho más complejo, porque está íntimamente vinculado a la creación de estas relaciones y al mantenimiento de las mismas entre el empresario que atrae y el cliente que se siente atraído.

Debido a la falta de comprensión sobre lo anterior, son muy pocos los empresarios que logran conseguir monetizar sus redes sociales, porque es muy fácil publicar cualquier cosa en una red y muy complejo conseguir que una publicación interese y genere la suficiente atracción como para que desemboque en un proceso de compra.

Es en este punto en el que hacemos énfasis, es la esencia de este libro. La posibilidad de conseguir atraer resultará en la capacidad de monetizar las redes sociales; lograr la atención de un usuario y generar las conductas suficientes para convencerle de comprar lo que vendemos.

6. ¡Vale! ¿Y cómo convierto atraer en vender?

Atraer significa satisfacer y entender. Como consultores, conocemos las ventajas de satisfacer y entender a los usuarios en redes sociales (de las muchas que hemos comentado hasta ahora).

Satisfacer y entender representan el epicentro de la espiral de la conducta del consumidor cuando se usan las redes sociales como un canal de venta. Pero no es un proceso automático. Tendrás que practicar mucho debido a que estamos hablando de personas, así que tendrás que aprender a hacerlo, porque son las claves para vender en redes sociales. Y satisfacer y entender no significan hacer *like* en la publicación de un usuario; significa hacer sentir bien a otra persona.

Satisfacer y entender a tu audiencia, es decir, escucharla, identificar qué necesita y estar al tanto de qué está diciendo sobre lo que le interesa es también saber cómo poder atraerla y convencerla de que compre nuestra marca.

Así que olvídate de seguir publicando solo fotos en Instagram o Facebook y mucho menos en Twitter con tus productos o descuentos de tus servicios como si eso fuese una estrategia, pues estás perdiendo el tiempo. Asegúrate de que lo que publiques sea útil y ofrezca algún interés a tus seguidores.

Para explicarnos mejor, te ofrecemos un ejemplo muy simple. Imagina que te persigue a todas partes una persona con un cartel de un producto o servicio que ha puesto a la venta y que cada vez que le miras, te enseña el cartel.

¿Te lo has imaginado? Pues esa es la misma percepción que tiene tu cliente sobre ti cada vez que intentas venderle algo en redes sociales.

¿Cuánto tiempo crees que tarda un usuario en cansarse cada vez que le intentas vender algo? ¿Empiezas a entender por qué vender de forma directa en tus redes sociales no va a funcionar?

7. Otra cosa que no funciona es centrarte única y exclusivamente en atraer nuevos clientes

La mayoría de las empresas tiene como prioridad generar más clientes potenciales, también venderles algo y luego intentar encontrar nuevos clientes. Bajo este criterio, similar a pescar con una red en el mar a ver qué sacamos, se deja de lado el bien más preciado de una estrategia de creación de beneficios con el uso de redes sociales: el cliente que ya es cliente, quien ya te ha comprado algo.

Nuestra recomendación es que te centres en llegar, entender y satisfacer primero a quienes ya te han comprado algo, a quienes te conocen como empresa y como marca.

Estos clientes fidelizados deben seguir siendo fidelizados debido a que hablan a otras personas sobre su experiencia de compra y aportan más clientes potenciales. ¡Te lo aseguramos! Estos clientes que ya lo son harán el trabajo de dar a conocer tu marca a los que aún no lo son, así que debes satisfacerles como esperan y merecen. Céntrate en ellos.

Reflexión en un tuit

«Regla n.º 1 del social media: todo lo que publicas en tus redes sociales no es para ti, es para otras personas, así que publica pensando en otras personas, no en ti», **Pedro Rojas (@seniormanager)**.

8. En resumen, ¿en dónde está el dinero en redes sociales?

Te lo vamos a hacer muy fácil para que lo puedas aplicar en cuanto termines de leer este libro. El dinero en tus redes sociales está en identificar y entender los siguientes conceptos:

- Ahorro

No hay nada más importante para un empresario que poder controlar los costes de forma beneficiosa para la empresa.

Ahorro en redes sociales significa, por ejemplo, conseguir sustituir acciones tradicionales de publicidad y marketing tradicional con el uso coherente de las redes sociales de la empresa.

También significa, por ejemplo, convertir tus redes sociales en un canal de comunicación más económico y eficiente que el teléfono, así como un método de posicionamiento orgánico mucho más eficaz que cualquier campaña de Adwords. ¡Pues ya puedes comenzar a ahorrar!

- Satisfacción a los clientes (fidelización)

Un cliente satisfecho seguirá comprando en donde le han tratado bien, simplemente porque la conducta humana está condicionada a seguir buscando y viviendo experiencias que le han resultado placenteras, sean de la naturaleza que sean.

Es así cómo la fidelización es uno de los principales creadores de monetización en redes sociales. Por eso te gusta tanto ese restaurante o esa tienda en la que vas a consumir casi sin darte cuenta: porque eres un cliente fidelizado.

En lugar de medir cuántos seguidores tienes, por ejemplo, mide cuántas personas han quedado satisfechas de las muchas que te preguntan o se quejan a través de tus redes sociales, y aplica una técnica de contabilidad de costes a dichas satisfacciones *versus* las ventas de cada mes.

‒ Productividad

La hermana mayor del ahorro. Ser más productivos siempre se traduce en mayores beneficios y en reducción de costes.

Un buen ejemplo de productividad es todo el tiempo que tus comerciales (vendedores) pueden ahorrar buscando clientes potenciales en redes sociales en lugar de salir a caminar tocando puerta por puerta. Lo único que deben hacer es escribir en el buscador de ciertas redes sociales las palabras clave o los *hashtags* de los productos o los servicios que vende tu empresa. Verás cómo hay decenas de personas que ya necesitan información sobre los mismos.

Imagina que vendes piezas para coches. Pues si haces la prueba y colocas la referencia o el nombre de una pieza para coche en cualquier buscador de redes sociales, verás que ya hay personas preguntando por el precio, características y en dónde encontrar dicha pieza. Si eres tú quien le responde, habrás conseguido un cliente con apenas esfuerzo o inversión de tiempo. Eso se llama productividad.

‒ Beneficio directo

Se trata de acciones que impactan de manera directa en las ventas o la facturación. Por ejemplo, conseguir que a través de un *banner* incrustado en una publicación de tu blog, como podría ser un buen artículo no comercial difundido luego en tus redes sociales, consigas que muchos usuarios sean dirigidos hacia el sitio web en el que vendes productos o servicios, y ver cómo luego estas visitas se convierten en ventas.

9. Qué hacer para conseguir todo lo anterior

1. Analizar y comprender la situación de tu empresa o tu marca en redes sociales. Tus perfiles sociales y todo lo que piensas publicar deben estar en función de tu audiencia objetivo, no de lo que te gustaría publicar a ti, sino de lo que a dicha audiencia le gustaría encontrar.

2. Identificar a tu público objetivo, a tu audiencia, a las personas que sabes que podrían estar interesadas en tus productos o servicios y que se mueven en ciertas redes sociales, no en todas, así como entender qué les interesa o motivaría a comprar tus productos.

3. Identificar a tus competidores es fundamental para saber cómo está el mercado y, sobre todo, para saber qué están haciendo o dejando de hacer en redes sociales las marcas que compiten contigo.

4. Posicionamiento. ¿Has revisado en qué posición aparece tu marca cuando alguien busca tus productos o servicios en Google?

   La mayoría de los empresarios se contenta cuando al teclear el nombre de su marca aparecen en la primera página de Google, pero la verdad es que eso no es lo que importa. Lo importante es, por ejemplo, que cuando alguien busque «zapatería en Barcelona» aparezca tu zapatería de Barcelona, y no la de tu competidor.

5. Visibilidad de la marca. Se trata de que tu marca aparezca por doquier, que sea muy visible porque muchas personas la mencionan. Esto solo se logra con una buena conexión con tus clientes, haciendo que tengan buenas experiencias de compra y de satisfacción. Son ellos quienes difundirán lo que sea que hagas, vendas o produzcas, y no te imaginas el poder de la palabra de un tercero que no tiene nada que ver con tu marca.

   El posicionamiento y la visibilidad se consiguen con distintas técnicas que no mencionaremos en este libro porque no es un libro de SEO, pero sí te recomendamos que busques a los mejores de España en este tema, entre ellos, Iñaki Tovar (@seomental), Javier Gosende (@javiergosende) y Luis Manuel Villaneva (@Lu1sma) y Vanessa Peinado (@crocreativo).

   (El orden de los nombres no significa nada, simplemente los hemos colocado en orden alfabético. Los cuatro son geniales en su profesión, son muy buenos consiguiendo resultados en el corto plazo y al mismo tiempo son una referencia en lo que hacen).

Estos cuatro profesionales, además de ser grandes personas, escriben en sus blogs sobre cómo posicionar una marca de una forma fácil de entender y, sobre todo, de aplicar. ¡Te los recomendamos!

6. Revisar cómo funciona tu web, tienda *online* o donde sea que tengas publicados tus productos o servicios. Cuando decimos «cómo funciona» nos referimos a todo lo que los usuarios encontrarán y tocarán en tu web, como por ejemplo:

   – La usabilidad o complejidad de utilización de tu web, y si las características de tu sitio están en función de lo que tu audiencia espera encontrar cuando la lleves allí desde un enlace en una red social.

   – Verificar que tu web se lleva bien con Google, es decir, que la programación está hecha tal y como le gusta a Google, o si, por el contrario, el gran buscador está penalizando a tu sitio.

   – Comprobar, también en Google, que tu marca, empresa, productos o servicios no están siendo objeto de menciones negativas, y al mismo tiempo que sí están recibiendo menciones positivas o neutras.

Como te hemos comentado con anterioridad, la sumatoria algebraica de comentarios positivos y negativos de una marca, excluyendo los neutros, resulta en un ratio que en nuestro argot se conoce como *sentiment*.

Como alguna vez hemos escuchado decir a Bruno Vázquez-Dodero (@brunovd), fundador de @aulaCM, uno de los mejores cursos de Community Managers que existen en Madrid, «las personas recomiendan productos o servicios en redes sociales, pero todos los usuarios terminan tomando la decisión de compra en Google».

CÓMO OBTENER BENEFICIO CON PUBLICIDAD (*SOCIAL ADS*) EN REDES SOCIALES

10

Si creías e invertías en publicidad tradicional, sentimos decirte esta gran verdad: la publicidad en redes sociales es más económica, rentable y efectiva que la tradicional.

En realidad, no nos gusta que sea así, pero es la realidad actual. Nos gustaría aclarar que no nos referimos a las publicaciones simples, es decir, al hecho de mostrar un producto o servicio de manera directa en una publicación en cualquier red social. Cuando hablamos de publicidad, nos referimos al hecho de pagar directamente a una red social por un anuncio que vamos a publicar o por una publicación que vamos a promocionar.

La publicidad simple no funciona en términos de rentabilidad. En cambio, la publicidad de pago en redes sociales es 120 veces más efectiva que la tradicional y monetiza 80 veces mejor que cualquier campaña publicitaria en otros medios (esos números se duplican cada año). Eso sin contar con el ahorro en productividad que genera al evitar el uso de tiempo innecesario de quien gestiona la red o la campaña que se va a publicitar.

Hace unos años, cuando las redes sociales aún pertenecían a las personas y la publicidad tradicional todavía no se había dado cuenta de su potencial, pudimos ver las primeras campañas publicitarias con empresas que se atrevieron a experimentar. No lo hicieron muy bien (tampoco hoy en día lo hacen bien), pero al ser los primeros los resultados fueron espectaculares.

La buena noticia es que incluso hoy en día muchas empresas no saben todavía todo esto que te estamos contando y siguen pensando que publicar una prenda de ropa, por ejemplo, en Instagram, un descuento en Twitter o una bebida energética en Facebook les hará conseguir beneficios. Y puede que vendan alguno, eso no lo podemos negar, pero de ahí que sea rentable, hay mucha distancia.

1. ¿Por qué funciona la publicidad de pago en redes sociales si sigue siendo publicidad?

Entre 2009 y 2010, la publicidad tradicional en España cayó un 20% en medios tradicionales. En cambio, aumentó en un 500% en medios digitales, entiéndase internet, no necesariamente redes sociales, pero seguía siendo publicidad pura y dura.

Podríamos decir que la publicidad de pago en redes sociales comenzó con Facebook y LinkedIn de forma casi inadvertida, con la mirada recelosa de anunciantes y de agencias de publicidad, sobre todo porque ninguno de los dos tenía ni idea de cómo usarla (hoy en día aún no tienen ni idea).

Así que los que comenzamos con esto desde un enfoque de atracción y de generación de comunidad nos dimos cuenta de la imagen incómoda e intrusiva que seguían perpetuando los anuncios en medios tradicionales, e incluso, en la misma internet y decidimos invertir en la publicidad de pago en redes sociales.

Y poco a poco, hemos cambiado la publicidad tradicional a un modelo que tiene que ver con estos cinco elementos fundamentales que te dejamos a continuación, que son los que te dirán por qué funciona este tipo de publicidad:

1. El conocimiento que posee cada red social sobre tu audiencia. Las redes sociales te pueden ofrecer una cantidad inimaginable de datos sobre los usuarios que te interesan.

    Las personas publican en sus perfiles su localización geográfica, la edad, tendencias, gustos y aficiones. Con estos datos, nuestro disparo publicitario siempre será más certero, ayudados precisamente por esta información que ya posee cada red.

2. La segmentación, muy efectiva, hacia audiencias muy específicas, evitando así el desperdicio de publicidad que se genera en otros medios que solo llegan a un mínimo porcentaje del público objetivo.

En redes sociales encontramos mucha información con la que facilitamos la segmentación de los mercados que nos pueden interesar. Los usuarios no son conscientes de la cantidad de datos que se almacenan en cada red y de cómo podemos usarlos para llegar a ellos.

3. La posibilidad de atraer clientes potenciales a través de acciones conocidas como *Inbound Marketing,* en lugar de incordiarles con publicidad pura y dura.

4. El hecho de que solo las redes sociales pueden ofrecer experiencias, es decir, algo que puede hacer sentir al cliente relativamente privilegiado o especial.

5. Una relación personal con las marcas, porque han sabido escapar del anuncio tradicional, del *banner* y del anuncio netamente comercial.

En la actualidad, en España y otros países de habla hispana, en comparación con países de visión empresarial más amplia hacia el uso de redes sociales, vemos que apenas se ingresa beneficio en función de lo que podrían ganar las empresas en el futuro, una vez entiendan cómo manejarse en estos canales. Esa es una de las razones de este libro.

En nuestro caso, y a través de los clientes que gestionamos en la Unión Europea y Latinoamérica en países como Estados Unidos, Suiza y Reino Unido, ya observamos la monetización de este tipo de anuncios de pago, en donde Instagram (a través de las herramientas de publicidad de Facebook) se ha convertido en nuestra primera plataforma de publicidad *online,* un 82% más que el año anterior, con beneficios que alcanzan las cinco y seis cifras para esas empresas.

Hemos conseguido generar una experiencia lo suficientemente cercana con los usuarios de estas empresas para que cada campaña de publicidad sea única y no parezca ser siempre la misma. Nuestro objetivo es poner en contacto a las personas con las empresas de una forma creativa y eficaz. Eso es lo que queremos explicarte en este capítulo.

2. La publicidad es lo que te hará monetizar

Siempre hemos comentado, tanto a nuestros clientes como a nuestros alumnos, que la comunicación en redes sociales ha cambiado la manera de hacer negocios, la forma de captar nuevos clientes y de fidelizarlos.

Por eso se ha transformado también la forma de promocionarse en redes sociales. Lo primero es tener una estrategia de comunicación para luego planificar y desarrollar una serie de acciones de publicidad directa (de pago) que permitirán conseguir objetivos de monetización a corto plazo.

Seguro que en este punto te estarás preguntando: «¿por qué tengo que pagar si publicar mi producto o servicio en redes sociales es gratis?».

Es cierto, es gratis, pero no lo son el tiempo ni los recursos que alguien utiliza para publicar tu producto o servicio. Te lo explicamos tal y como nos dimos cuenta nosotros hace muuuuucho tiempo. Hace unos años, cuando empezaba todo esto de la publicidad en redes sociales y aún no le habíamos hecho caso, nos dimos cuenta de que invertíamos tiempo y recursos de forma ineficiente publicando productos y servicios en redes sociales. Al cabo de un tiempo, descubrimos que la monetización era mínima y que los resultados eran mínimos.

Te lo explicamos con un ejemplo matemático simple. Si tienes una marca o empresa y dispones de una persona a la que por unas 20 horas a la semana (publicando solo productos y servicios en varias cuentas de Facebook) le pagas, por ejemplo, 800 euros al mes y que cuyo resultado lo medimos en ventas directas de unos 5.000 euros durante el mismo mes, entonces verás lo siguiente:

5.000 euros = ventas

800 euros = sueldo

De esta forma:

5.000 - 800 = 4.200

4.200 / 800 = 5,25 (ratio de retorno de la inversión)

En cambio, si tienes a una persona dedicada a publicar solo productos y servicios en varias cuentas de Facebook durante cinco horas a la semana y por ello le pagas el equivalente a 200 euros (teniendo en cuenta el mismo sueldo del ejemplo de arriba) y luego inviertes 200 euros en Facebook Ads (anuncios de Facebook), con un resultado de ventas hipotético igual (5.000 euros), verás lo siguiente:

5.000 euros = ventas

400 euros = sueldo + inversión en *ads* (200 euros + 200 euros)

De esta forma:

5.000 - 400 = 4.600

4.200 / 400 = 11,50 (ratio de retorno de la inversión)

Está claro que con la inversión en *ads,* el retorno de la inversión se duplica y el beneficio es mucho mayor. Además, con la publicidad de pago, las ventas aumentan unas cuatro veces más, dependiendo del producto o servicio, pero hemos querido dejar el mismo importe de 5.000 euros para las ventas de ambos ejemplos de forma que puedas apreciar la diferencia. Con lo cual, resulta mucho más rentable destinar el presupuesto del que dispongas a invertir en publicidad en redes sociales (*ads*) que a tener a una persona publicando productos y servicios sin más.

Si tu empresa puede asignar un presupuesto para publicidad en redes sociales, lo más eficaz es tratar de usar las redes que más te convienen según tu audiencia para conseguir un mayor alcance de las acciones.

Diversificar esfuerzos en las distintas redes sociales en las que puede estar tu cliente será mucho más eficiente y rentable que disponer de un gran despliegue humano. La razón es sencilla: las redes sociales te permiten un gran nivel de segmentación y control del presupuesto.

Eso sin contar que este tipo de promoción es mucho más eficaz en el mediano y largo plazo, porque genera lazos más fuertes con los clientes y porque llega a otras audiencias de forma insospechada.

3. Principales ventajas de la publicidad de pago en redes sociales:

Cada red social permite diferentes tipos de segmentación, por lo que su uso como medio publicitario contribuye a rentabilizar tu presupuesto ajustándolo a la audiencia que más te interesa.

Por ejemplo, Facebook te permite identificar posibles clientes en un radio cercano a tu negocio, así como filtrar según datos demográficos a las personas que te interesan.

Con Instagram puedes llevar a cabo algo similar, aunque un poco más limitado, debido a que los usuarios de esa red proporcionan menos datos, pero sí que puedes hacer segmentos de audiencia muy efectivos según su comportamiento en esa red social.

Twitter, por su parte, segmenta geográficamente por países, palabras clave (*keywords*) y usuarios, lo que la hace algo más limitada en cuestión de gustos y más amplia en semántica. Al igual que Facebook, permite cierta personalización de audiencias.

¿Snapchat? La mayoría de los empresarios piensa que las redes sociales más importantes son Facebook, Instagram y Twitter, pero lo cierto es que Snapchat ya ha superado a Twitter en número de usuarios en Estados Unidos y es la segunda red social más utilizada en este país por los adolescentes y veinteañeros después de Instagram.

Si tu público objetivo es menor de 20 años, habla inglés y vive en Estados Unidos, entonces debes saber que el 75 % de los usuarios de Snapchat compran *online,* así que, dependiendo de tu producto o servicio, podría ser una opción de publicidad para campañas relacionadas con una tienda *online* en ese país. El caso es que la publicidad en esta red social es mucho más costosa que en otras redes y no se parece en nada a otras plataformas. Ya hablaremos sobre esto en breve.

En LinkedIn, la menos desarrollada y menos utilizada en España y Latinoamérica, podemos encontrar más tendencia a la publicidad de servicios debido a que es posible segmentar por ámbito geográfico, así como por perfiles laborales y demográficos según la información contenida en las biografías de los usuarios.

En fin, las redes sociales dejan de ser un entretenimiento y pasan a ser una forma más de poder llevar tu negocio más lejos. Si aún no has dejado algo de presupuesto libre en tu planificación de negocio para invertir en redes sociales, te recomendamos hacerlo. Esta forma de anunciarte te permite analizar mejor a tu público objetivo, así como los resultados de tus campañas, con una mejor focalización y un mejor rendimiento general.

> **Nota:**
>
> Si te dedicas a la gestión de redes sociales, verás que el Facebook que hasta ahora conocías ha mutado. Si no sabes cómo sacar provecho de los Facebook Ads, no tienes mucho que hacer en esa red social.

4. Ventajas de los *social ads*

Ya te las hemos señalado de forma matemática y funcional, pero aun así te presentamos este breve listado de las ventajas que más impactan en tu negocio, según las experiencias adquiridas con nuestros clientes:

- La publicidad en redes sociales como Facebook, Instagram, LinkedIn, Twitter, TikTok, YouTube, Snapchat, entre otras, ofrece una gran variedad de formatos de anuncios. Puede ser desde una imagen para explotar todo su carácter visual, pasando por el contenido escrito, hasta llegar a vídeos hechos a la medida de la campaña, y todos pueden mostrarse en los mismos espacios en los que interactúan los usuarios.

- La capacidad y los medios que estas herramientas poseen para segmentar a las audiencias y así poder encontrar de forma precisa el público objetivo al que quieres llegar son impresionantes. Puedes crear campañas específicas y muy enfocadas en perfiles concretos en función de los millones de datos socio-demográficos que los mismos usuarios dejan en sus redes sociales a diario. La microsegmentación es la clave del éxito de estos medios publicitarios.

- Es sorprendente cómo con una mínima inversión es posible conseguir resultados tangibles y obtener un gran impacto entre los posibles clientes. El coste por cada clic (CPC) es relativamente bajo en comparación con otros formatos publicitarios, como Google o la publicidad de banners en páginas web.

- Teniendo en cuenta nuestras experiencias podemos decir que lo más probable es que el alcance de la publicidad tipo Search Engine Marketing (SEM) de búsqueda por Google dure unas semanas. Sin embargo, en las redes podría durar hasta un par de meses (a veces más).

- Los reportes que cada red proporciona para el seguimiento de las campañas son geniales para poder medir su impacto y terminan siendo bastante útiles para la toma de decisiones.

En cuanto a estos reportes hemos de decir que por mucho que la gente de marketing tradicional te explique lo bien que funciona una valla en una autopista, nunca podrás saber el verdadero impacto de su uso sencillamente porque es imposible saber cuántas personas la vieron y mucho menos saber cuántas han decidido comprar eso que mostraba.

En cambio, mediante informes diarios sobre cómo avanza tu campaña publicitaria o sobre las visitas que ha recibido puedes evaluar los resultados para poder hacer ajustes de configuración o mejorar en campañas futuras, incrementando así la eficiencia y la rentabilidad.

Ahora que ya conoces todas estas ventajas, te vamos a mostrar las principales plataformas sociales en las que puedes anunciar tus productos y servicios de forma efectiva y beneficiosa.

5. Principales plataformas para anunciarte

Facebook

Para nosotros, la que más utilizamos, pero no porque sea necesariamente la mejor, ya que esto depende del público objetivo, sino porque es en la que más personas, de un número muy amplio de audiencias, están interactuando casi desde el nacimiento de las redes sociales.

Hemos de reconocer que los anuncios que más destacan son las historias patrocinadas o anuncios relevantes. Estos anuncios pueden contener enlaces que luego dirigen a una tienda *online* o a una página web con productos, incluso a aplicaciones, eventos o descuentos, lo que representa un amplio abanico de ventajas para las marcas.

Como anunciante, puedes pagar para patrocinar tus productos, servicios y actividades más relevantes y asegurarte de que habrá muchas personas del perfil que buscas que los verán de forma poco intrusiva.

Esta red social ofrece hasta nueve tipos de anuncios diferentes según los objetivos que busques en tu estrategia, así como amplias opciones para que puedas segmentar la audiencia como mejor quieras.

Instagram

Desde que Facebook la adquirió hace unos años, esta red social se ha convertido en un medio muy rentable para las marcas, aunque sigue teniendo ciertas deficiencias para la configuración de las campañas debido a que es necesario utilizar las cuentas publicitarias de Facebook como el Ads Manager o el Business Manager, que en principio fueron diseñados para Facebook, no para Instagram.

¿Qué son el Ads Manager y el Business Manager? Son unas herramientas diseñadas para gestionar la publicidad en Facebook (y ahora Instagram) destinadas a agencias o grandes anunciantes que necesiten crear muchos anuncios a la vez y tener un control preciso de sus campañas.

¿Dónde están estas herramientas? Con solo escribir en tu navegador alguna de las dos opciones, verás un enlace que te lleva directamente a ellas. Procura tener tu perfil de Facebook abierto para ir directamente a la configuración de las mismas.

Ten en cuenta que los navegadores compatibles con el Ads Manager y el Business Manager son Chrome 36 y versiones posteriores, así como Firefox, Internet Explorer 11 (y versiones posteriores) y Edge.

Volviendo al uso de Instagram como medio publicitario, se trata de una herramienta que te permite promocionar imágenes de mucha calidad y definición para alcanzar una mayor audiencia, sabiendo que es una de las redes sociales que más demanda de uso y crecimiento está teniendo en la actualidad.

Hasta ahora, puedes colocar publicidad entre foto y foto de otros usuarios. Sigue teniendo opciones reducidas en comparación con otras redes, mientras Facebook sigue trabajando en el desarrollo de su integración total a su plataforma. Por eso sigue en continua evolución y pareciéndose cada vez más en formatos y opciones de segmentación a los anuncios en Facebook.

Algo importante es que muchos usuarios de Instagram también tienen Facebook y puede que también WhatsApp, con lo que para Facebook (como empresa) es muy pero que muy fácil encontrar la identidad de alguien que está en Instagram, vincularlo con su cuenta de WhatsApp y su perfil de Facebook para luego segmentar tu publicidad de Instagram según sus gustos de Facebook. Si te ha sonado complicado, te aseguramos que para Facebook no lo es.

Tanto en Facebook como en Instagram Ads podrás llevar a cabo lo siguiente:

- Promocionar publicaciones de forma directa en los muros de otros usuarios.

- Promocionar tu página (*page*) a través de los *likes* («me gusta»).

- Atraer usuarios a tu tienda *online* o web mediante clics a enlaces en las publicaciones.

- Aumentar las conversiones y las bases de datos en tu tienda *online* o sitio web.

- Aumentar las descargas o la interacción con tu aplicación móvil.

- Alcanzar a usuarios que viven o trabajan cerca de tu negocio mediante la difusión local.

- Captar y atraer asistentes a un evento o presentación.

- Conseguir que los usuarios soliciten un descuento, sorteo o promoción.

- Aumentar las visualizaciones de un vídeo, una foto o un *podcast.*

Twitter

Aunque ha tenido sus altibajos, lo cierto es que Twitter sigue dando de qué hablar. Su carácter, la personalización y el nivel cultural que caracteriza a los usuarios de esta red todavía permiten margen para la publicidad.

Cuenta con cinco tipos de formatos disponibles para los anunciantes:

- Interacciones con tuits: opción que permite llegar a más personas, generar interacción y conversaciones (retuits, «me gusta», citas y respuestas).

- Clics en el sitio web: también conocida como «conversiones», utilizada para la generación de clics y tráfico hacia una web o *landing page* de captación de datos, lo que a su vez resultará en ventas (conversiones).

- Instalación de *apps* e interacciones con *apps:* muy útil para promover, motivar a descargar y luego dinamizar la descarga de *apps* móviles.

- Visualizaciones de vídeo: los usuarios verán el vídeo que hayas elegido.

- Seguidores: básicamente ayuda a aumentar el número de seguidores.

- Clientes potenciales: te permite captar correos electrónicos, lo cual es muy útil para la recolección de bases de datos.

Snapchat

Esta red social tiene una gran característica: no es para todo el mundo, pero mucho del mundo que te puede interesar ya está allí. En España y Latinoamérica te recomendamos analizar tu estructura de coste publicitario y hacer algunas pruebas antes de invertir para sacarle todo el provecho.

Tendrás que afinar el ingenio y conseguir llamar la atención de los usuarios en tan solo diez segundos, es decir, tanto tú como tu equipo tendréis que entender cómo funciona y cómo actúa quien está ahí.

De momento, las marcas o empresas que quieran anunciar sus productos y servicios cuentan con tres opciones: los Snap Ads, los Sponsored Geofilters y las Sponsored Lenses.

Los Snap Ads son anuncios diseñados para *smartphones* en formato de vídeo vertical de hasta 10 segundos y en pantalla completa, que aparece en contexto junto con otros Snapchats. El usuario que los ve puede deslizarse en la pantalla hacia arriba para ver más, si quiere. De esta manera podrá acceder, de forma voluntaria, a otros contenidos, como por ejemplo, una promoción directa, un vídeo más largo, un descuento para hacer captura de pantalla, una invitación a descargarse una aplicación móvil o un enlace a una tienda *online.* Ten en cuenta que el ratio de clics es 25 veces mayor que en otras plataformas similares. Sí, ¡guau!

LinkedIn

Es la más limitada en opciones y, según nuestra experiencia, la que menos ofrecemos a nuestros clientes debido a que culturalmente los usuarios de esa red en España y Latinoamérica no están acostumbrados a recibir publicidad directa de productos en esta red social.

No obstante, funciona muy bien con servicios muy concretos más asociados a esta red, sobre todo, los relacionados con los recursos humanos, los cursos, la tecnología, los eventos y similares.

LinkedIn permite crear y luego variar hasta 15 veces un mismo anuncio, seleccionar al público objetivo, establecer un presupuesto diario y una puja sobre cuánto estás dispuesto a pagar por cada clic. A nosotros nos parece algo muy similar al sistema de Google Ads.

Con LinkedIn Ads podrás hacer lo siguiente:

- Generar contenido patrocinado y atraer a nuevos usuarios hacia tu perfil de empresa y hacia las publicaciones de contenido específico que hayas decidido publicar allí.

- Publicar anuncios de texto con el fin de atraer clientes segmentados a través de diferentes publicaciones que los usuarios leen en LinkedIn.

6. ¿Cómo elaborar una campaña?

Muchas empresas que nos contactan buscando asesoría no hacen uso de la publicidad en redes sociales porque desconocen sus beneficios, pero sobre todo porque encuentran dificultades a la hora de crear el anuncio o simplemente no terminan de estar convencidos de que sea una inversión rentable.

Según el informe sobre redes sociales (2019) de la asociación de la publicidad, el marketing y la comunicación digital en España, IAB Spain, el 72% de los usuarios de redes sociales manifiesta que sigue a las marcas principalmente porque quiere estar informado y un 85% admite que este seguimiento influye en su proceso de compra. A nosotros nos parecen razones suficientes como para intentar usar las plataformas de publicidad disponibles en esas redes sociales. Seguro que a ti también te parecen buenas razones, ¿verdad?

Después de varios años experimentando en las distintas plataformas de publicidad, y según los resultados que hemos obtenido en cientos de campañas, te aconsejamos tener en cuenta tres principios fundamentales y seguirlos antes siquiera de empezar a pensar en el anuncio; esto evitará que malgastes tu presupuesto y al mismo tiempo hará que consigas los resultados esperados:

1) Elabora un plan

Configurar tu plan te evitará pérdidas de tiempo y dinero, te ayudará a centrarte en el anuncio y te permitirá seguir el proceso sin saltarte nada.

a) Define tus objetivos de negocio

Debes definir lo que quieres alcanzar en términos monetarios.

Un objetivo representa un elemento específico que puede ser medido, es decir, que debería tener dos valores: el cuantitativo y el cualitativo.

Los objetivos medibles nos dicen si estamos cumpliendo con lo que hemos planificado para alcanzarlos. Te dejamos un ejemplo muy sencillo que ya hemos mencionado incontables veces en nuestras clases de posgrado en distintas universidades de España y Latinoamérica: si un equipo de fútbol quiere ganar la Liga de su país, estaría fijándose un objetivo tangible y para conseguirlo tendrá que ganar cada partido semanal contra otros equipos (objetivos medibles). Así pues, tendrás que fijarte objetivos semanales cuantificables que te ayudarán a saber si estás haciendo las cosas bien.

Por tanto, si lo que buscas es, por ejemplo, incrementar las ventas de tu tienda *online* a través de publicidad en redes sociales, los objetivos tendrán que centrarse en el número de visitas que se desean obtener en un espacio de tiempo determinado. Ahora aplícalo a tu propio caso.

b) Identifica a tu audiencia

¿Quién es tu audiencia? La audiencia es tu público objetivo en redes sociales, es decir, todos aquellos usuarios que poseen un perfil en una red social a los que tu publicidad les resultará interesante. Pueden ser, por ejemplo, clientes actuales o potenciales, consumidores de tus productos o servicios en tu industria o sector, los seguidores de tu marca, así como las personas, indistintamente de la red en la que se encuentren, que poseen preferencias y conductas distintivas y que enfocan su interés en tu marca, tus productos o servicios, o incluso en los de tu competencia.

¿Cómo identificarlos? En la implantación de *social ads* existe una palabra clave: ¡segmentación! De eso se trata, de saber primero lo que buscas (segmentar) para luego pasar a buscarlo.

Para ello tendrás que identificar muy bien a tu público objetivo. Es la única forma de determinar cómo será tu anuncio y te permitirá diseñar los formatos que mejor conecten con sus necesidades.

Como cada marca, empresa, producto y servicio es diferente, te proponemos hacerte estas preguntas cada vez que intentes identificar a tu audiencia:

- – ¿Cómo se comportan las personas a las que les podrían interesar tu anuncio?
- – ¿En dónde viven y qué idioma hablan?
- – ¿Qué edad tienen?, ¿son hombres, mujeres o ambos?
- – ¿Qué les gusta?
- – ¿Cómo se visten normalmente?, ¿qué accesorios utilizan?
- – ¿Cuál es su nivel cultural y académico?
- – ¿Qué productos consumen?

- ¿Cuáles son sus patrones de compra?

- ¿Cuál es su poder adquisitivo y poder de compra?

Esta identificación es fundamental para conseguir resultados monetarios. Cuanto más segmentos puedas añadir, mejor. Solo ten en cuenta que si segmentas en demasiadas variables, podrías llevar el anuncio a un público insuficiente.

c) Calendario de acciones

Define el tiempo de duración de la campaña, es decir, cuánto quieres que dure tu anuncio y cuántas veces deseas que aparezca (en función de tu presupuesto).

Te recomendamos elegir una fecha concreta teniendo en cuenta tiempos razonables. Si te dejas guiar por nuestra experiencia, te proponemos elaborar campañas mensuales; así tienen más impacto en el tiempo.

d) Determina tu presupuesto

Has de pensar cuánto presupuesto puedes destinar al anuncio. En este punto, sobre todo si eres principiante o no tienes mucho conocimiento sobre la red social en la que quieres publicar el anuncio, te recomendamos prudencia.

Comienza con un importe bajo y luego ve probando con importes más altos.

2) Establece las características y los elementos de tu campaña

Comienza plasmando ideas de anuncios al estilo *brainstorming* (tormenta de ideas) y elabora una lista de posibles formatos y creatividades para tu campaña. Eso te ayudará a potenciar las ideas factibles y a desechar las que no son idóneas.

También te ayudará a seleccionar las redes sociales en las que tienes más audiencia, a seleccionar el mejor formato de anuncio para tu público objetivo y a una mejor conversión.

Definir el tipo o formato de anuncio a publicar es un proceso complejo que debe ir de la mano de la persona que gestiona esa red y que sabrá elegir según sus características demográficas. Por eso no es algo que cualquiera puede hacer.

Sí que puedes experimentar, con el consiguiente riesgo de conseguir pocos resultados. Por eso te recomendamos que, al menos en las primeras campañas, contrates a un profesional o a una agencia especializada.

3) Analiza y mide las métricas de los resultados

Esta parte es la que más impacta en tu negocio, ya que te permite saber cómo está funcionando tu anuncio, es decir, el dinero que has invertido en publicidad.

Aquí está la monetización y la comparación entre lo que has conseguido y lo que te has fijado como objetivo. También puedes corregir cualquier desviación que se haya producido o intentar optimizar aún más tu anuncio.

Para que tengas la información ordenada y puedas tomar decisiones, realiza un breve informe en el que se refleje lo siguiente:

Objetivo: el que te hayas fijado para un anuncio en concreto (o los que te hayas fijado, si son varios).

Segmentación: qué segmentos has elegido, cuáles son sus características y por qué los has elegido.

Impacto:

- Alcance o número de usuarios a los que la herramienta ha mostrado tu anuncio.

- Impresiones o el número de veces que tu anuncio ha aparecido en las redes sociales de los usuarios elegidos la primera vez.

- Frecuencia o media de veces que tu anuncio ha sido mostrado a cada usuario.

Coste:

- Coste por clic (CPC) o importe promedio que has invertido por cada acción que hayas decidido contratar en esa red social.
- Tasa por clic o número de personas que han hecho un clic en el enlace de tu anuncio.
- Importe invertido en publicidad fraccionado por días, semanas y meses.
- Inversión de publicidad diaria promedio de cada anuncio.

Rentabilidad: cuántas veces has cumplido tu objetivo en función de cada euro invertido en la campaña.

7. Comienza tu primera campaña hoy y monetiza

Bien, llegados a este punto, estamos seguros de haberte enseñado todo lo que algunas redes sociales como Facebook, Instagram, Snapchat, Twitter y LinkedIn pueden ofrecerte. Así que pensamos que es el momento oportuno para que intentes crear tu propio anuncio.

No olvides que la clave de toda gran estrategia de publicidad en social media se basa en entender y conocer todos los elementos que forman parte de una campaña, así como todo lo que determinará una posible respuesta positiva por parte de la audiencia. Esto es vital para el éxito o fracaso de la misma sabiendo el alcance de tus objetivos.

- **Facebook**

Con independencia del público al que quieras llegar, debes saber que en Facebook coexisten unos 1.500 millones de personas interactuando y comentando sobre sus gustos cada día. Es muy difícil que tu público objetivo no esté ahí, aunque no siempre en la proporción que necesitas.

A través de Facebook Ads puedes acceder a todo un universo de tiendas *online,* páginas web, aplicaciones, servicios directos y productos en distintos formatos y contenidos, ya sea como promociones, sorteos, ofertas o eventos para establecer una comunicación directa con toda esa población de usuarios.

Tipos de objetivos para Facebook Ads

Nuestra experiencia nos permite recomendarte pensar en ciertos objetivos antes que en otros, sabiendo que son los que mejor nos han funcionado con nuestros clientes, para así asegurar la monetización de tus campañas y el beneficio de tu negocio:

- *Likes:* los conocidos «me gusta». Te los proponemos, pero no siempre te los recomendamos debido a que los *likes* no son sinónimo de negocio.

- *Leads:* clientes potenciales o bases de datos. Son quienes representan la punta de lanza de cualquier negocio. Puede que necesites agregar implementaciones técnicas dependiendo de cómo quieras captarles.

- Tráfico: o clics en un sitio. Es simple, cada vez que un usuario haga clic en tu anuncio, Facebook les dirige a donde quieras.

- Conversión: lo que la mayoría de nuestros clientes solicita. El algoritmo de Facebook está preparado para generar conversiones desde tu sitio web.

- Impresiones: se basa en las veces que se ha visto el anuncio, así que el objetivo real es el alcance.

- Asistentes a eventos: puedes conseguir que Facebook difunda tu evento hacia audiencias insospechadas.

- Descargas: generalmente de una aplicación o *software.* Este objetivo puede adaptarse a múltiples formatos en Facebook, no solo en formato Smartphone, sino también para otros dispositivos.

- Participantes en sorteos: los concursos siguen siendo un buena forma de captar *leads* y de generar tráfico y *engagement.* Mira la herramienta Easypromos: es la mejor en su sector.

- *Engagement:* conseguir que otros usuarios interactúen en tu *page* ayuda a generar negocio incrementando las visitas e interacción con tus publicaciones.

- Interesados en ofertas: a través de descuentos u ofertas especiales, puedes atraer a un mayor número de personas; nosotros los llamamos posibles clientes.

Ubicación de los anuncios de Facebook

Dependiendo de lo que queramos publicar, los anuncios en Facebook pueden aparecer a los usuarios en las siguientes ubicaciones:

- MarketPlace: tu anuncio saldrá en la columna derecha, así que los usuarios lo verán debajo de las fotos de sus contactos o dentro de los eventos, en la parte derecha de Facebook.

- Newsfeed: al ser la sección que más visualizaciones tiene debido a que casi siempre es la sección de inicio de los usuarios, es la mejor en términos publicitarios. Tu anuncio aparecerá entre las historias, novedades y publicaciones de los amigos de los usuarios.

En Facebook puedes anunciarte de dos formas

- Con *ads* (anuncios) dirigidos a un contenido externo (redirigiendo el tráfico hacia una web o tienda *online* fuera de la red de Facebook).

- Con *ads* o anuncios internos dentro de una publicación en Facebook, que dirigen al usuario hacia la *page* (página) de tu empresa o marca e incluso hacia otros anuncios; se conocen como publicaciones promocionadas.

De momento, cuentas únicamente con estos dos tipos básicos de contenido para tus anuncios. Pero ¡atención! Estos dos que te mencionamos son los tipos; ahora te hablaremos sobre los distintos formatos.

Tipos de formato para Facebook Ads

1) *Social ads:* se trata de anuncios segmentados, o mejor dicho, muy segmentados, que serán vistos solo por la audiencia que previamente configuremos, es decir, no se mostrarán en el *timeline* (muro) de tu *page*. Estos anuncios permiten incluir un *call to action* (CTA o llamamiento a la acción) personalizado que dirija al usuarios hacia un enlace interno en Facebook o externo hacia una tienda *online* o sitio web.

2) Page Post Ads: anuncios que aparecerán en el muro de la Facebook Page y que ayudarán a generar conversión en tu propia página según tu estrategia con diferentes formatos, un vídeo, una imagen sencilla o varias haciendo un carrusel.

3) Facebook Dynamic Product Ads: anuncios con un algoritmo similar al de las campañas de *retargeting* o *remarketing,* que van cambiando a medida que el usuario va navegando en tu tienda *online* o web. Es muy útil para tiendas *online* con catálogos de producto. Con esta opción, puedes personalizar el contenido dependiendo de los precios, *stocks* o promoción de cada producto.

4) *Lead ads:* este formato te permite mostrar hasta tres preguntas personalizadas al usuario con respuestas por defecto que luego dirigen a un formulario de captación de datos (*landing page*).

5) Facebook Canvas: opción de anuncio diseñada para *smartphones,* que permite una buena experiencia de usuario (muy *responsive* o adaptativo) y que muestra una vitrina virtual de tus productos en miniatura sin salir de Facebook.

Consejo: no existe en mejor formato para los anuncios de Facebook. Pero, como siempre, esta decisión viene determinada por los objetivos que te hayas fijado para tu campaña.

Opciones de segmentación de Facebook Ads

La segmentación es la verdadera protagonista a la hora de gestionar Facebook Ads, y hemos pasado de una segmentación por gustos e intereses a una segmentación por audiencias debido a que este proceso es mucho más complejo y va mucho más allá de lo que le pueda gustar a tu cliente.

Así que quien vaya a dedicarse a esto tendrá que saber mucho sobre tu audiencia, sus gustos, preferencias y conductas, así como sobre Facebook como tal. Lo que aporta un valor diferencial y competitivo es la capacidad de híper-segmentación que posea la persona que genere los anuncios.

1. Geolocalización: identifica a tu audiencia según el lugar o región en la que viven. Puedes segmentar por país, ciudad e incluso por código postal.

2. Características demográficas: simplemente determina el perfil de los usuarios a lo ´que quieres que llegue tu anuncio según su género, edad, idioma y otros elementos.

Consejo para pymes:

Es importante diferenciar entre la segmentación por interés y la segmentación por audiencias, debido a que tu audiencia se basa sobre los datos que Facebook posee de los usuarios, mientras que las audiencias van cambiando y evolucionando con el mercado.

3. Interés: se trata de segmentar según los datos que Facebook posee de todos los usuarios a partir de lo que han hecho y dejado de hacer en esa red social. Aquí entran elementos atractivos para tu negocio, como qué le interesa a tu audiencia, cuáles son sus hábitos de compra o el uso de algún dispositivo en concreto gracias a su histórico de actividad en la plataforma.

4. Conducta: abarca el comportamiento de compra, de visitas, de visualizaciones y otros relacionados con la conducta comercial o que se podría interpretar como comercial.

5. Audiencias propias: se trata de segmentaciones de usuarios que ya tenemos en nuestra propia base de datos.

Propuesta de valor

Después de gestionar campañas de Facebook Ads por valor de 1,2 millones de euros con distintos clientes, podemos hablar de experiencia a la hora de combinar los distintos formatos y posibilidades de anuncios en Facebook.

Hemos conseguido que cada cliente cuente con una estrategia personalizada y hecha a su medida en función de su audiencia y sobre todo de sus objetivos de negocio.

En Facebook Ads no hay teoría, pasas de manera directa a la práctica, y como hay que invertir dinero para saber cómo serán los resultados, no todas las agencias pueden practicar con esta herramienta, así que saber manejarla de forma efectiva no es algo que se logre en dos días. Por ejemplo, podemos decirte que hemos aprendido que la mayoría de nuestras campañas de Facebook Ads terminan generando una conversión cercana al 15% en otros canales de venta de nuestros clientes. De modo que es muy importante que sepas identificar lo que quieres conseguir, saber qué busca cada usuario, saber identificar el momento preciso de cambiar la campaña, de mejorarla, de ver que ya está madura y de saber cuál será el siguiente paso.

• Instagram

En 2015 comenzó la era de lo visual con todas las redes sociales apuntándose al formato que mejor resultado estaba obteniendo, la imagen, así que debes aprovechar que aún está vigente y sacarle el mayor provecho posible.

No hay que darle muchas vueltas: lo que podemos ver es mucho más atractivo y persuasivo que lo que podemos leer, y además es 65 veces más susceptible de ser compartido en redes sociales.

Sí, Instagram es de Facebook, aunque mucha gente aún no lo sabe. Esto es porque Mark Zuckerberg lo quiere así: es una estrategia de diversificación de audiencias. Al ser parte de Facebook, Instagram cuenta con buenas posibilidades de segmentación, de manera que puedes publicar anuncios para el tipo de audiencia que elijas.

Tus clientes potenciales ya están ahí y además están muy activos, tanto así que en nuestros cálculos prevemos que antes de 2020 la publicidad en Instagram superará en facturación a la de Facebook, Twitter y LinkedIn juntos.

Instagram se ha convertido en la mejor plataforma para anunciarse debido a su bajo precio en campañas publicitarias, a la integración natural de los anuncios con el formato y a la atención que genera día a día.

Tipos de objetivos para Instagram Ads

Al igual que en Facebook, te presentamos los objetivos que deberías tener en cuenta para que crees anuncios en esta red y así generar negocio.

- *Likes:* también están en esta red, y de nuevo te los mencionamos, pero no siempre te lo recomendamos.

- *Leads:* clientes potenciales o bases de datos que necesitas generar para luego aplicar otras técnicas de marketing digital o tradicional.

- Tráfico: llevar a los usuarios a un sitio en el que puedes captarles con todo lo que quieras ofrecer. Recuerda que el sitio al que lleves a tu audiencia tendrá que ser responsive;

de otra forma, no obtendrás los resultados monetarios deseados.

- Conversión: es lo que seguramente buscas, así que céntrate en ello.

- Impresiones o visualizaciones del anuncio.

- Descargas de aplicaciones: por lo general, es conseguir que el usuario se descargue una *app*.

- *Engagement:* conseguir que los usuarios participen en tus publicaciones.

Vincula tus cuentas de Instagram y Facebook

Lo primero que necesitas, si quieres generar anuncios en Instagram, es tener una Facebook Page, ya que toda la publicidad se gestiona desde esta plataforma.

El Ads Manager

Como te explicamos antes, es una de las herramientas de Facebook desde donde podrás crear, diseñar y gestionar tus anuncios en Instagram. Desde Facebook Ads en tu *page* puedes acceder al Ads Manager

Una vez dentro verás un menú con el que te recomendamos trastear antes de crear campañas. Mira las distintas opciones y familiarízate con ellas. Luego para comenzar, haz clic en «Promocionar una publicación» o «Administrar anuncios» para comenzar desde cero tu primera campaña (si habías hecho alguna en el pasado, también te aparecerá).

Elige el tipo de campaña

Dale un título o nombre a tu campaña y selecciona los objetivos entre las opciones del listado. Por ejemplo, ¿quieres más clics en un sitio o llevar más tráfico a tu tienda *online*? ¿O deseas que un vídeo o imagen tenga muchas visualizaciones? En este punto, elige el objetivo según la lista que te hemos dado y que mejor encaje con tu meta de negocio.

Define a la audiencia

La mejor ventaja del Ads Manager es que es de Facebook, así que tienes la posibilidad de segmentar a tu audiencia según conductas, gustos e intereses. Esto representa la mejor ventaja de esta herramienta: ¡quién mejor que Instagram para saber los gustos de los usuarios de esa red!

Podemos mencionar como ejemplo a nuestro cliente Snackíssimo (que ofrece paquetitos de fruta sin conservantes) con audiencias potenciales distintas dentro de esta red social.

Si nuestra intención es llegar con un producto concreto a cada gusto, con Instagram podemos configurar campañas segmentadas muy eficientes para llegar a los distintos tipos de usuarios, algo muy difícil de conseguir de forma manual.

Esta segmentación también posee opciones demográficas, como el género, la edad, el idioma y otros, así como opciones más avanzadas que permiten la creación personalizada de audiencias, según conductas o intereses.

Determina tu presupuesto

En Instagram, al igual que en Facebook, no hacen falta grandes inversiones para conseguir resultados. Tenemos clientes que eligen invertir 10 euros al día durante un mes, o bien centrarse en una campaña de una semana y conseguir algún objetivo concreto.

Consejo: ten en cuenta que necesitas al menos tres semanas para comenzar a ver resultados significativos en función de tus objetivos.

Formato del anuncio a publicar

Existen cuatro opciones a elegir para tus anuncios:

- Una imagen: se mostrará una única imagen.
- Carrusel: se muestran hasta cinco imágenes que los usuarios pueden desplazar con los dedos en un *smartphone.*

- Reproductor de vídeo: anuncios en formato vídeo que no superan los 60 segundos.

- Reproductor de imágenes: mezcla entre la opción de una imagen y carrusel en la que puedes añadir hasta cinco imágenes que irán pasando solas.

Medidas

Instagram acepta como medidas de las imágenes 600 x 315 píxeles en anuncios horizontales y 600 x 600 píxeles en anuncios cuadrados. El formato cuadrado de 1.080 x 1.080 píxeles es el que mejor funciona.

Recuerda que se ve en un *smartphone*

La publicidad en Instagram está restringida al espacio disponible y a la pantalla de los *smartphones*. Esto significa que tendrás que elegir anuncios muy directos y sencillos al mismo tiempo. En Instagram menos es más.

Incluye también logos, marcas de agua y otros elementos que identifiquen a tu empresa o marca.

Los #*hashtags*

Los *hashtags* son la base del algoritmo de Instagram. Entender su uso es la clave para llegar a más personas. Identifica los más utilizados en tu sector y trata de usar cuantos puedas en tu publicidad.

Texto en la imagen

Ten presente que en Instagram, al igual que en Facebook, solo podrás incluir un 20% de texto en cada imagen. Y aunque el máximo de texto permitido es de 300 caracteres, te recomendamos que no pases de 150, ya que es la medida que mejor aceptación tiene entre los usuarios en general.

Monitoriza, mide y optimiza

En Instagram, no te recomendamos publicar tu anuncio y volver dentro de un mes a ver cómo fue el resultado. Estas herramientas necesitan de una revisión constante para poder mejorar los resultados esperados.

Cada campaña debe llevarse día a día para tomar decisiones sobre cómo optimizarla. El éxito de una campaña de Instagram Ads está precisamente en cómo analices los resultados y en las decisiones que tomes teniéndolos en cuenta.

- **Twitter**

Los Twitter Ads son anuncios que permiten conseguir objetivos de negocios similares a los de otras redes sociales, como *leads,* tráfico, posicionamiento, *engagement, likes* o descarga de *apps.*

Twitter tiene ciertas desventajas, pero ha conseguido generar un *engagement* entre los usuarios y las marcas mucho más alto que otras redes sociales, así que los Twitter Ads generan mejores resultados para ciertas marcas.

Objetivos

En Twitter te recomendamos tener en cuenta los siguientes objetivos de negocio:

- Seguidores: son la base de tu audiencia, y aunque no los necesitas para hacer publicidad, sí que otorgan carácter y credibilidad a la cuenta.
- *Leads:* busca crear bases de datos, el centro de toda estrategia de monetización.
- Tráfico: lleva a otros usuarios a donde puedes convertirles en clientes.
- Conversión: la mejor garantía de monetización.
- Posicionamiento: Google y Twitter se la llevan bien, así que aprovecha esta ventaja.

Segmentación

Twitter permite una segmentación similar, pero no igual que Instagram y Facebook.

- Segmentación demográfica: elige el género, el idioma o la región geográfica.

- Segmentación por seguidores: escoge a seguidores de otras cuentas, que pueden ser incluso de tu competencia. También puede elegir a tus propios seguidores.

- Segmentación por intereses: puedes optar por usar palabras clave que se asocien con los intereses de los usuarios.

- Segmentación por dispositivo: puedes elegir según el tipo de dispositivo utilizado por el usuario.

- Segmentación por conducta: identifica a una audiencia por patrones de consumo concretos.

- Segmentación por *keyword:* te permite desarrollar anuncios dirigidos a usuarios que han publicado un tuit con esa palabra. Este tipo de segmentación se amplía a los *hashtags* y *emojis.*

Formatos de anuncios en Twitter

- Promoted Tweets: son anuncios tipo tuit que se mostrarán en el *timeline* de los usuarios, o bien en el buscador. Podrás elegir el formato que más se ajuste a tu objetivo: imagen, vídeo, GIF u otras opciones.

- Twitter Cards: anuncios que permiten más de 140 caracteres y que pueden acompañarse de otros formatos multimedia para generar experiencias más atractivas para el usuario.

- Promoted Trends: se trata de hacer que una tendencia elegida, que podría ser un *hashtag,* encabece la lista de *trending topics* durante un tiempo determinado.

- Cuenta Promocionada: anuncio que sugiere a los usuarios de la audiencia elegida seguirte.

- Website Card: anuncios que generan clics y envían tráfico a un sitio o tienda *online.*

- Lead Generation Card: se trata de una *tarjeta* cuya función principal es la generación de bases de datos (*leads*). Está diseñada para que la puedas conectar de manera directa con tu CRM o base de datos.

- App Cards: pensadas para incrementar las descargas de aplicaciones, muestran el contenido en formatos variados.

- Promoted Video: anuncios pensados en el formato vídeo que se van reproduciendo de forma automática y que al mismo tiempo motiva a los usuarios interactuar con el contenido haciendo clic.

Uno de los logros que hemos conseguido en The Plan Company con campañas de anuncios en Twitter es duplicar las conversiones en tiendas *online* debido a que hemos aprendido a no contar dos veces la misma venta si han visto involucrados dos o más canales de *ads* diferentes en un mismo sitio. Es decir, si un posible cliente ha recibido un anuncio a través de Twitter que le ha motivado a visitar una tienda *online,* pero luego no se ha convertido en venta y días más tarde vuelve a entrar a dicha tienda *online* desde otro canal y campaña y termina convirtiéndose en venta, entonces solo contamos la venta atribuida al canal que ha cerrado la conversión.

- **Snapchat**

Vamos al grano con esta red, pues posee características distintas de publicación de anuncios en comparación con las demás.

Se trata de una red con una audiencia muy concreta, que no funciona para todos los productos y servicios, así que mira bien si es la red que necesitas para colocar tu publicidad.

Objetivos

En Snapchat te recomendamos tener en cuenta los siguientes objetivos de negocio:

- Seguidores: los necesitarás para cualquier acción que desees implantar en el futuro.

- *Leads:* generar una base de datos proveniente de Snapchat es una apuesta segura de futuros clientes.

- Tráfico: la mejor ventaja de esta red social.

- Conversión: está prácticamente asegurada dada la calidad del usuario y sus características.

Tipos de anuncios en Snapchat

De momento, solo dispones de estas tres opciones de anuncios:

- Snap Ads: anuncios en formato *smartphone* que consisten en la reproducción en un vídeo de hasta 10 segundos (aquí está la clave), en vertical y usando la pantalla completa, que aparece en conjunto con otros *snaps* (nombre de cualquier publicación en Snapchat).

  El usuario decide si quiere ver más para llegar a contenidos extra, como un vídeo más largo, un *post* de blog, una oferta o promoción, un concurso o una invitación a descargarse una *app.*

  Según nuestra experiencia con clientes en España, el ratio de clic es 25 veces mayor que en otras plataformas similares (varía según cada país).

- Sponsored Geofilters: se trata de creatividades que han sido superpuestas a las imágenes que van colgando los usuarios. Es decir, cuando un usuario realiza un *snap,* la herramienta usará el geo-posicionamiento para promocionar tu publicación a ese usuario en concreto.

  Esta ventaja permite ampliar la segmentación a lugares concretos, más allá de una ciudad o país. Por ejemplo, a todos los cines de Barcelona en donde estén proyectando una película concreta.

- Sponsored Lenses: se trata de filtros interactivos que se añaden a los *snaps* de los usuarios con los que puedes crear efectos especiales realmente adictivos.

  Por ejemplo, podrías convertir un *selfie* en una caricatura con tu marca o que los usuarios hagan lo que se les ocurra con la imagen que les presentas. Lo mejor es que los usuarios pueden publicar el resultado o difundirlo en otras redes sociales.

Ten la precaución de probar con un importe mínimo de inversión los anuncios que publiques en Snapchat. Muchos de nuestros clientes han querido probar por su cuenta y los resultados no han sido los más esperados.

- **LinkedIn**

Sí, LinkedIn también se ha convertido en una plataforma publicitaria, no tan buscada como las anteriores, pero sí muy demandada en determinados sectores y empresas, sobre todo en las organizaciones B2B.

Objetivos

Para LinkedIn te recomendamos tener en cuenta los siguientes objetivos de negocio:

- Contactos: los necesitas, son parte de tu base de datos.

- Leads: busca crear nuevos clientes generando bases de datos nuevas.

- Tráfico: lleva a otros usuarios a donde puedes convertirles en clientes.

- Conversión: sobre todo para servicios.

Segmentación en LinkedIn Ads

Aquí lo que importa es que LinkedIn aporta una calidad de clic muy rentable: la cantidad queda en segundo plano.

LinkedIn permite segmentar campañas de forma demográfica. Su mayor baza se centra en su capacidad para segmentar los anuncios por categorías profesionales.

Podrás configurar los siguientes tipos de segmentación:

- Segmentación demográfica: género, ubicación, edad...

- Por puestos de trabajo: puedes llegar a personas con cargos concretos dentro de las empresas.

- Por sector o industria: te permite centrarte en un sector determinado o por profesiones.

- Por cargo: podrás llegar a alguien por su posición en la empresa, diferenciando entre directivos, técnicos o becarios.

- Por grupos de LinkedIn: te permite centrar el anuncio en un tema concreto al que las personas demuestran un interés por pertenecer a un grupo.

Tipos de LinkedIn Ads

- Direct Ads: en formato texto de no más de 75 caracteres y una imagen de 50 x 50 pixeles o un vídeo, permiten promocionar contenidos en el muro de los usuarios.

- Inmail LinkedIn: anuncios tipo E-mail Marketing que se envían a una base de datos de correos electrónicos de LinkedIn.

- LinkedIn Sponsored Updates: anuncios que aparecen en las actualizaciones de los usuarios de LinkedIn marcados como patrocinados.

- Display Ads: anuncios tipo *banner* al mejor estilo web de siempre.

- LinkedIn Dynamic Ads: anuncios con imágenes generadas de forma dinámica a partir de perfiles de los miembros de LinkedIn. Están diseñados para generar campañas de captación de *leads* altamente segmentadas y cualificadas.

– LinkedIn Conversion Tracking: crea un pixel de seguimiento propio en nuestra web o *landing page* para poder realizar el análisis de las conversiones de las campañas que publiquemos en esta red social.

Como conclusión, estamos seguros de que ya te has dado cuenta de que publicar de forma orgánica y tradicional en redes sociales puede resultar mucho menos rentable que pagar por algunos anuncios cuando llevamos ambas acciones al terreno de la rentabilidad. ¿A que sí?

ALGUNAS HERRAMIENTAS QUE AYUDAN EN LA MONETIZACIÓN

11

1. Las herramientas son los vehículos que aceleran el proceso de monetización

En este breve capítulo te mostramos y describimos un listado de las herramientas que más utilizamos en nuestro día a día y que contribuyen a un incremento tanto de la productividad como de la monetización de la gestión en las redes sociales de nuestros clientes.

Las herramientas de social media constituyen uno de los mejores aliados para llevar a cabo una labor impecable y efectiva, en especial cuando la gestión de redes sociales es extensa, ya que dichas herramientas te ayudan a realizar las tareas de una forma más sencilla, automatizando algunos procesos y aumentando, por ende, la eficiencia.

Son de extrema ayuda a los profesionales del marketing digital, a los social media mánager, a los *community managers, social media strategists* y otras personas dedicadas de forma profesional a la gestión de redes sociales, porque permiten gestionar el trabajo con mayor eficacia. Y, puesto que dichas labores son tan heterogéneas, también lo son las herramientas que pueden utilizar.

Existen variadas opciones de herramientas para satisfacer todo tipo de necesidades, y podríamos haber elaborado una lista larguísima, ya que existen cientos de herramientas que podrían servirte, pero hemos decidido mencionar solo las que utilizamos de forma habitual.

Luego, cuando ya hayas avanzado lo suficiente en la gestión coherente de las redes sociales de tu empresa, irás descubriendo muchas otras herramientas que no hemos mencionado en este listado y a las que podrás recurrir.

Easypromos

http://easypromosapp.com/

Es una de las que más recomendamos a nuestros clientes y la que más usamos en The Plan Company para generar ingresos a través de promociones en Instagram, Facebook, Twitter, YouTube y otras redes sociales.

Es genial para dar visibilidad a tu negocio, incrementar las ventas y la fidelidad de los clientes, obtener *leads,* así como para incrementar el tráfico a tu web, multiplicar tus seguidores y crear *engagement.* En la actualidad cuenta con más de veinte aplicaciones distintas, cada una con un uso particular para apoyar la monetización de tu estrategia en redes sociales.

SocialGest

https://socialgest.net/

Herramienta de gestión de varias redes sociales que, entre otras ventajas, proporciona la posibilidad de realizar publicaciones en distintas redes sociales desde una misma plataforma.

Posee una versión *freemium,* así como precios económicos en los paquetes de pago con prestaciones muy interesantes.

Es muy útil para la toma de decisiones estratégicas, debido a que con ella se pueden analizar métricas, automatizar e interactuar desde una misma plataforma, aumentando tu productividad al poder monitorizar Instagram, Facebook, Twitter y LinkedIn a la vez.

También te mantiene al tanto de tus indicadores de gestión, tales como seguidores, comentarios, comunidades, contenidos, *hashtags, engagement* y más. Del mismo modo permite monitorizar en tiempo real, a través de un sistema de columnas muy visual, los *trending topics,* menciones e interacciones.

Posee una funcionalidad muy llamativa denominada «botón de pánico», que permite pausar de forma momentánea, hasta que el usuario lo requiera, todas las publicaciones programadas.

Esto representa una ventaja vital a la hora de gestionar crisis de social media, comentarios negativos o situaciones externas que podrían afectar al contexto y al sentido de las publicaciones ya programadas, que quedan detenidas hasta que se desee.

Otra de las funcionalidades que más nos llama la atención de esta herramienta es la posibilidad que ofrece de generar reportes retroactivos basados en un *hashtag,* es decir, permite saber toda la información relacionada a cómo ha funcionado un *hashtag* en particular, con independencia de si se ha tratado de una campaña nuestra, de nuestra competencia o de un tercero, con el fin de analizarlo.

Es de las mejores utilidades para gestionar equipos de trabajo con un sistema de sub-usuarios que permite distintos niveles de administración y de aprobaciones. A diferencia de las otras herramientas, esta posee un departamento de atención cliente durante todo el día que atiende tus solicitudes, dudas o incidencias.

BrandChats

http://brandchats.com/

Es una completa herramienta de *clipping* que captura contenidos e información en todos los medios existentes, desde redes sociales hasta prensa escrita, radio y televisión. Te permite aumentar el control y la capacidad de gestión de la reputación de marca.

La utilizamos mucho para monitorizar todos los mensajes o conversaciones que afecten al *branding* (proceso de construcción de una marca) y a la reputación de las marcas, empresas, servicios o productos que gestionamos en redes sociales y otros canales 2.0.

Asimismo, controla la evolución del nivel de reputación de marca, de tu sector, de tus productos, de la competencia, de servicios o personas, y además genera informes, emite contenidos, contacta con influyentes en redes sociales y facilita la conversación con las comunidades. ¡Nos encanta!

Metricool

https://metricool.com/

Es una herramienta de monitorización, medición y seguimiento de Instagram y de otras redes sociales, así como Google My Business y cuentas publicitarias de Google Ads y Facebook Ads.

Metricool es una *software* creado para ayudar a emprendedores, bloggers, agencias o profesionales de social media a tener un control exhaustivo de lo que ocurre en sus redes sociales.

La utilizamos con los clientes que requieren de una mejora en la presencia dentro de sus respectivos mercados, así como para saber qué está pasando con cada cuenta que gestionamos.

SEMrush

https://semrush.com/

Herramienta de gran utilidad para desarrollar estrategias de contenido y publicidad, así como para estrategias de *growth hacking* (técnica de posicionamiento), ya que está plenamente enfocada al crecimiento de una *startup* o empresa emergente.

La utilizamos sobre todo cuando necesitamos evaluar un sitio web o un blog frente a sus competidores, pero también para detectar las posibles debilidades o penalizaciones frente a Google.

Su principal valor consiste en ofrecer informes minuciosos y muy completos sobre cómo tus competidores gestionan el SEO y SEM de sus webs. Su principal baza son sus completos y útiles informes. Es una de las que más ventajas obtenemos.

Tikket

https://tikket.net/

Se trata de una herramienta de conversación en canales digitales. Una primera versión fue visionada para la atención al cliente en Twitter y Facebook, pero la visión se amplió para dar cabida a más formas de interacción de manera centralizada.

La idea es simple: escuchar y dar respuesta, hacerlo de manera sencilla, sin todas las complicaciones de un CRM, recolectando datos alrededor de todas estas interacciones que pueda traducirse en inteligencia del negocio.

De momento, cuenta con una bandeja de entrada para las conversaciones que ocurren alrededor de una marca en sus canales digitales. Menciones en Twitter, comentarios en el *page* de Facebook, chat y correo electrónico; todo es centralizado en una interfaz que permite la conversación en público o privado (DM). Cada una de estas conversaciones recibe un número de *ticket* específico que permite su almacenamiento, posterior consulta y recolección de datos relacionada.

Cuenta con indicadores de gestión o KPI configurables por el usuario acerca de toda la gestión o por el operador. Además, recolecta todos los datos asociados a los *tickets* para presentar estadísticas de gran valor para el desarrollo de la inteligencia del negocio.

CircleCount

http://circlecount.com/

Buena herramienta de monitorización para Google+, imprescindible su uso para páginas, perfiles o comunidades. Entre sus funciones está la posibilidad de conocer las estadísticas generadas por tus publicaciones, gráficas con el número de personas que te incluyen entre sus círculos, así como predicciones de crecimiento.

También sirve para analizar perfiles de terceros filtrando por el grado de influencia que tienen, por zona geográfica o sexo. Otra utilidad que tiene es la de compartir y monitorizar círculos. Estas son solo algunas de las funciones que ofrece esta excelente aplicación que está también disponible como extensión para Chrome.

Alexa

http://alexa.com/

Es un servicio de amazon.com, plataforma web. Consta de un panel de usuarios y datos. Genera un *ranking* de datos de múltiples fuentes de medición de webs en internet.

Esta herramienta muestra cuántos usuarios visitan una página, da el promedio de páginas vistas por un usuario en un dominio concreto, la imagen de portada del sitio y una estadística de los países que generan más tráfico.

Es de gran ayuda a la hora de obtener mejores resultados de marketing.

Retweetrank

http://retweetrank.com/

Es una herramienta que te permite visualizar una amplia perspectiva de los tuits y retuits de las cuentas que gestiones.

Asimismo, te permite el seguimiento de la participación y la obtención del porcentaje conocido como *Retweet Rank,* que indica la posición del *ranking* de influencia en comparación con otros usuarios de Twitter. Con esta herramienta podrás maximizar el ROI de tus redes sociales analizando la influencia en acciones concretas.

Quintly

https://quintly.com/

Es una herramienta dirigida a analizar tus redes sociales: te ayuda a examinar Facebook, Twitter, YouTube, Google+, LinkedIn, Instagram e incluso Blogs. Te permite también controlar el rendimiento de tus plataformas o las de tu competencia y así trazar una estrategia adecuada en tus redes sociales.

Es de fácil manejo y proporciona diversas métricas: menciones por hora, seguidores en días y horas concretas, interacciones en *post,* tiempos de respuesta, y muchas otras mediciones que no puedes realizar desde algunas de las propias plataformas de las redes sociales existentes.

Twitonomy

http://twitonomy.com/

Es una herramienta gratuita que realiza un análisis amplio de tu cuenta de Twitter de forma sencilla.

Podrás saber la repercusión y difusión de algunos de tus tuits, así como menciones, retuits, seguidores y seguidos. También conocer las listas en las que estás y proporción de seguidores que tienes por seguidor.

Asimismo te permite analizar tus últimos tuits en función de la media de publicaciones por días, menciones, *replies* y *hashtags* utilizados, entre otras mediciones, y muestra los usuarios más influyentes que te han mencionado.

Posee también un mapa de localización geográfica. En resumen, se trata de una herramienta muy completa que te será de gran ayuda.

Backtweets

http://backtweets.com/

Es una herramienta que te permite hacer un seguimiento de quién te menciona en Twitter, así como saber en tiempo real qué tuits enlazan hacia tu sitio web o blog. Busca las URL o enlaces que se han publicado en Twitter, las veces que ha aparecido y en qué momento.

Se puede compaginar con Google Analytics y puedes recibir *e-mails* con las alertas que indiques.

LikeAlyzer

http://likealyzer.com/

Herramienta que proporciona de manera sencilla el análisis de tus páginas de Facebook o las de tu competencia.

Te posibilita medir y analizar el potencial y la eficacia de tus páginas. Evalúa tu actividad, hace comparaciones con otras páginas similares. Te ayuda para que tengas éxito dándote información y una explicación detallada de problemas y cómo solucionarlos.

Tailwind

http://www.tailwindapp.com

Es una herramienta muy completa que te ayudará a analizar tu cuenta de Pinterest e Instagram. Ofrece varios servicios, como un resumen mensual de la cuenta y un servicio de publicaciones (borradores, programar publicaciones y *pinear* fotos de Instagram).

También permite monitorizar el dominio, la optimización de contenido, así como ver las tendencias del momento y las de tus competidores y saber semanalmente el número de seguidores, *likes, pins, repins* y comentarios en todos los tableros. Además, te muestra el porcentaje de *engagement* y vitalidad conseguido.

Buffer

https://buffer.com/

Es una plataforma web con la que gestionamos publicaciones en múltiples redes sociales. Se puede programar un mensaje a una hora y un día en particular y publicarlo en varias redes.

La plataforma trabaja con páginas de enlaces abreviados, como Bitly o Jmp, para así saber la relevancia de la publicación.

Iconosquare

https://pro.iconosquare.com

Es una plataforma enfocada a estadísticas que te permite optimizar la cuenta en Instagram. Podrás conocer las horas de publicación óptimas, el *engagement* y los *hashtag* más utilizados.

TweetDeck

https://tweetdeck.twitter.com

Es una herramienta para personalizar y optimizar la gestión de varias cuentas, *hashtags* y usuarios de Twitter. Puedes organizar y realizar un seguimiento de listas, búsquedas para rastrear eventos, temas y palabras claves.

En fin, podríamos seguir mostrándote herramientas, pero, como dijimos, comienza con estas y sigue buscando en otras fuentes las que también podrían adaptarse a tu estrategia

Es importante que tengas en cuenta que muchas herramientas y aplicaciones dejan de funcionar o simplemente cierran sus servicios por diferentes razones. Esto te lo decimos por si ves que alguna de las herramientas que te listamos deja de funcionar. Por lo general, son sustituidas por otras o compradas por alguna más grande.

CONCLUSIONES

La última etapa del proceso de monetización a través de la gestión de redes sociales es la retención de clientes. Esta es probablemente la etapa más compleja y a la vez la que más pasan por alto quienes gestionan redes sociales de las empresas. Por alguna razón, una vez que la empresa genera un cliente a través de estos canales, tiende a seguir adelante y se olvida de considerar el ciclo de vida de estos nuevos clientes.

La retención de clientes es una pieza crucial para determinar la monetización que genera la gestión. Aunque un posible cliente puede interactuar con las redes sociales durante el proceso de ventas, es importante entender que ningún cliente es puramente un cliente de redes sociales.

Como con cualquier canal de comercialización, las plataformas sociales son solo parte de las piezas del rompecabezas que conforman todo el proceso. Lo importante aquí es poder realizar un seguimiento de los clientes que han interactuado con las redes sociales durante todo el ciclo de vida de la venta para ver si existe alguna diferencia mesurable en las actividades y en la conducta de los clientes y que también nos diga cuándo se han convertido en clientes y por qué.

Manteniendo constantes el resto de variables, es razonable evaluar las tendencias basadas en el comportamiento de los clientes que interactuaron con las redes sociales a lo largo de su ciclo de vida. Las consideraciones más relevantes a medir serían:

- Cuánto tiempo permanecen los clientes que hemos captado a través de redes sociales como tales.

- Cuánto tiempo pasan los clientes de redes sociales en esas redes.

- Cuánto cuesta, en términos monetarios, satisfacer a los clientes de redes sociales.

- Cuánto nuevo negocio se puede relacionar con los clientes llegados desde redes sociales.

Una vez que los *leads* se han convertido en clientes, debes utilizar diferentes estrategias de marketing digital para ponerlos de nuevo en la parte superior del túnel de conversión, donde pasarán de nuevo por las distintas etapas para que se sientan animados a realizar una nueva compra. ¡Aquí está la clave, y no en buscar más seguidores!

¿Por qué debes centrarte en esto? Porque a pesar de que vuelven a entrar en el túnel de conversión, tienden a pasar por las etapas mucho más rápido, porque ya existe una familiaridad con la marca y esa experiencia anterior del cliente se puede aprovechar.

Ten en cuenta que las métricas utilizadas para evaluar la retención del cliente no cambian con cada canal; más bien ayudan a generar información sobre el rendimiento de cada red social para ver si una está funcionando mejor que otra.

Si has sabido mantener felices a estos usuarios durante sus primeras experiencias, es más probable que compren de nuevo. ¡Esa es tu misión!

¡Buena suerte! (Si has leído este libro a conciencia, la tendrás.) ☺

NOTAS

Capítulo 4

1. http://bit.ly/GEAnnual2nd Study.

2. Los códigos UTM son pequeños fragmentos de texto que se añaden al final de un enlace o URL, que tienen como objetivo ayudarte a determinar cuántas veces han hecho clic a ese enlace y desde qué red social, país o región.

prnoticias.com

Telf: 917 13 11 72
C/ Marqués de Monteagudo, 18
1ª planta derecha. 28028, Madrid

26

años

nos queda mucho por hacer

1993 Madrid
2008 México DF
2010 Londres
2011 Nueva York y Buenos Aires
2012 Bogotá
2014 Shanghái
2018 Nueva Delhi